세상에서 가장 친절한
시 쓰기 수업

일러두기

- 외래어 표기는 국립국어원 원칙을 기본으로 삼되 더 널리 쓰이는 표현의 경우 해당 표기를 따랐습니다.
- 시의 글맛을 살리기 위해 일부 표기와 맞춤법은 창작자의 표현을 따랐습니다.
- 책 제목은 『 』, 시와 노래, 그림은 「 」, 영화와 방송 프로그램은 < >로 표기했으며, 도서 발행 시기는 현재 유통되는 판본을 기준으로 삼았습니다.

차근차근 따라가면
누구나 시인

세상에서 가장 친절한
시 쓰기 수업

차보배 지음

학교도서관저널

프롤로그

선생님, 저는 시가 싫어요!

내가 아이들과 시를 쓰기 시작한 이유는 단순하다. 그저 내가 좋아하는 것을 우리 아이들과도 나누고 싶었기 때문이다. 맛있는 것을 먹거나 멋진 풍경을 볼 때면 그 자리에 함께하지 못한 사랑하는 나의 가족이, 연인이, 친구가 떠오르곤 한다. '지금 여기에 같이 있었으면 좋았을 텐데' 하는 그 마음. 아이들과 시를 쓰고자 했던 나 역시 바로 그런 마음이었다. 내가 사랑하는 시를 내가 사랑하는 아이들과 함께 나누고 싶었다. 아이들도 나처럼 시를 사랑해주기를 바라면서.

2019년, 교육대학교를 졸업함과 동시에 시작한 교직 생활. 신규 교사답게 열정과 패기가 넘쳤던 나는 호기롭게 아이들과의 시 쓰기 수업에 도전장을 내밀었다. 지금 생각해보면 아무런 준비 없이 무작정 뛰어들었다는 표현이 더 맞을 것이다. 그런데 무식하면 용감하다고 했던가. 아이들의 반응이 영 좋지 않았다.

"선생님, 시는 너무 어려워요." "시는 도대체 무슨 말을 하는 건지 모르겠어요.""시 쓰기 싫어요.""재미없어요.""쓸 게 없는데요?"

교실에서 마주한 현실은 내가 생각했던 것과는 전혀 달랐다. 아이들을 모두 나 같은 '문학 소년소녀'로 생각했던 건 나의 크나큰 착각이었다. 아이들은 기본적으로 시를 '싫어한다'. 나는 그 냉혹한 현실을 받아들여야 했다.

하지만 여기서 절망할 수는 없었다. 아이들이 왜 시를 싫어하는지 그 이유라도 알고 싶었다. 그래서 아이들과 수없이 이야기를 나눠보고, 아이들의 모습도 관찰해보았다. 그 결과는 의외였다. 아이들이 시를 싫어하게 된 데에는 별다른 이유가 없었기 때문이다. 시는 어렵고 재미없을 것이라는 막연한 거부감이나 부담감, 선입견을 가지고 있는 경우가 대부분이었다. '시를 제대로 알지도 못한 채 무작정 싫어하는 건 너무 억울하잖아?' 오기가 생겼다. 최소한 아이들에게 시를 제대로 경험할 기회는 줘보자는 생각이 들었다. 그래도 시를 싫어한다면 어쩔 수 없겠지만 그나마 덜 억울할 것 같았다.

이를 위한 나의 고군분투가 시작되었다. 내가 아이들에게 시를 어떻게 소개하고 접근하느냐에 따라 시에 대한 아이들의 생각이 달라질 수도 있다고 생각하니 어깨가 무거워졌다. 그러자 단순히 '우리 시 한번 써보자' 식의 접근으로는 부족하다는 생각이 들었다. 시 쓰기를 체계적으로 지도할 수 있는 방법이 필요했다.

하지만 그 과정이 쉽지만은 않았다. 무엇보다도 시 창작 지도와 관련하여 참고할 만한 선례나 자료가 턱없이 부족하다는 점이 가장 힘들었다. 지나치게 이론적이거나, 초등 수준에 맞지 않거나, 그마저도 창작이 아닌 감상 위주의 내용이 많았다. 그렇다면 어쩔 수 없었다. 교실에서 직접 부딪쳐보는 수밖에. 아이들과 이렇게도 해보고, 저렇게도 해보며 수없이 많은 시행착오를 겪었다. 돌이켜보면 좌충우돌하는 선생님 때문에 아이들이 참 많이 고생했겠다 싶다. '이게 맞는 건가' 막막한 마음에 포기하고 싶은 순간도 있었다. '내가 왜 애들이랑 시 쓰기를 한다고 해서 이 고생을 하나' 후회가 밀려왔다.

그런데 신기한 일이 일어났다. 형편없다고 생각했던 내 수업을 들은 아이들이 조금씩 변화하기 시작했다. '어떻게 하면 아이들이 시의 재미와 즐거움을 느끼게 할 수 있을까?' 이 단순한 물음에서 시작한 나의 고민에 아이들이 드디어 응답해온 것이다.

"저는 시를 굉장히 싫어합니다. 하지만 이제는 아닙니다. 저는 시를 좋아하게 되었습니다. 어릴 때부터 시를 싫어했던 저는 글 쓰는 것에 흥미가 없었습니다. '글쓰기'라는 말만 들어도 싫었습니다. 6학년이 되어 딱히 할 동아리가 없어서 어쩔 수 없이 시 쓰기 동아리를 하게 되었습니다. 그런데 1년 동안 시 쓰기 동아리를 하면서 처음으로 시에 재미를 느꼈습니다. 친구들과 함께 시를 쓰면 정말 재미있습니다. 웃고 떠들고 함께 주제에 맞춰서 시를 쓰니 글에 흥미가 생겼습니다. 이제는 시를 쓰는 게 재밌고 동아리 하는 날만을 기다리고 있습니다."

"지금까지 살면서 시를 제일 많이 쓴 게 6학년 때인 것 같아요. 처음에는 시를 쓰는 게 힘들었지만 계속 시도해보니 시에 대한 정보도 알게 되고 많이 상상하게 돼서 너무 재미있었어요. 동아리가 너무 빨리 끝나서 아쉽네요. 시를 쓰면서 울기도 웃기도 했어요. 차보배 선생님과 함께 시를 쓰면서 좋은 추억을 만들었어요. 선생님, 고마워요."

"글 쓰는 건 좋아하지만 잘 쓰는 법을 몰라서 걱정이었는데 선생님이 잘 알려주셔서 잘 쓸 수 있었던 것 같아요. 선생님께 정말 감사하다는 말씀을 드리고 싶습니다. 글을 쓰면서 울고 웃었던 시간이 스쳐 지나가는데 저는 글을 쓰고 읽는 시간이 정말 행복했어요. 이 추억은 제가 질내 잊지 못할 것 같아요."

누가 시키지도 않았는데 주말에 집에서 시를 써 오는 아이가 생겼다. 시인이 되고 싶다는 아이도 있었다. 시 쓰는 게 재미있고 좋다고 했다. 시의 매력을 제대로 알면 아이들도 분명 시를 좋아하게 될 것이라는 내 생각이 증명되는 순간이었다. 아이들이 변해가는 모습에 힘을 얻었다. '내가 나아가고 있는 방향이 잘못되지 않았구나.' 그제야 안도의 한숨을 내쉴 수 있었다.

그렇게 6년이라는 시간이 흘렀다. 한 해 한 해 부족한 점을 채워나가며 나만의 시 쓰기 지도법을 다듬어나갔다. 그리고 그동안의 치열했던 고민의 결과와 그 고민에 응답해준 고마운 아이들의 모습을 이 책 속에 오롯이 담았다. 나처럼 아이들과 시의 아름다움을 나누고 싶은 분들께 이 책이 조금이나마 도움이 되길 바란다. 시보다 더 아름다운 우리 아이들은 분명 당신에게도 응답해올 것이다.

들어가며

왜 시 쓰기일까?

최근 혼자 하는 문화가 늘어나고 있다. '혼밥(혼자 밥 먹기)', '혼술(혼자 술 마시기)', '혼여(혼자 여행가기)'에 이어 '혼코노(혼자 코인 노래방 가기)'라는 말까지 등장했다. 나 역시 '혼여'에 대한 막연한 로망으로 혼자서 방콕으로 해외여행을 간 적이 있다. 갑자기 내 마음대로 일정을 바꿔도, 늦잠을 자도 누구 하나 뭐라 하는 사람이 없었다. 다른 사람의 취향을 고려할 필요 없이 내가 먹고 싶은 것이면 무엇이든 먹고, 하고 싶은 것이면 무엇이든 할 수 있었다. 너무 편하고 좋았다. 하지만 여행이 길어질수록 어딘가가 채워지지 않는 느낌이 들었다. '뭐가 문제인 걸까?' 한참을 고민한 끝에 그 이유를 발견하게 되었다. 지금 내가 느낀 이 느낌을 함께 이야기하며 나누고 싶은데, 그럴 사람이 없다는 것이었다. 뭐를 보든, 뭐를 먹든 간에 점차 심드렁해지기 시작한 이유도 바로 그 때문이었다.

이처럼 우리는 모두 '표현'에 대한 욕구를 가지고 있다. 내가 느낀 생각이나 감정을 어떠한 방식으로든 표현하고 싶어 한다. 그리고 그것을 타인과 나누기를 원한다. 나의 감정이나 생각을 혼자서 표출할 때보다 타인과 함께 공유하고, 타인으로부터 그에 대한 반응을 얻을 때 우리는 더 큰 만족감을 얻는다.

아이들도 마찬가지다. 아이들 역시 자신의 감정을 표현하고, 나누고 싶어 한다. 이러한 욕구를 몸으로 표현하면 춤이 되고 음으로 표현하면 노래가 되는 것처럼 인간의 삶을 언어로 표현하면 문학이 된다. 문학은 자신의 감정을 언어라는 장치로 나타내는 '표현'의 역할과 언어화된 타인의 경험이나 감정에 반응하는 '수용'의 역할, 이 두 가지를 모두 수행한다.

그럼에도 불구하고 오늘날 학교에서의 문학 교육은 지나치게 감상 영역에만 치우쳐 있다. 대부분의 문학 수업이 교과서에 실린 문학 작품을 읽고, 내용과 형식을 분석하고, 관련된 문제를 풀거나 사후 활동을 하는 등의 수용 과정 위주로 이루어진다. 문학을 통해 자신의 생각과 감정을 표현하는 창작 활동은 찾아보기 힘들다. 그러다 보니 아이들은 능동적인 창조자로 나아가지 못하고 수동적인 수용자로만 머무르게 되었다.

따라서 문학 영역에 있어서 창작의 과정이 강조될 필요가 있다. 아이들이 문학 작품 속에 표현된 타인의 생각과 감정을 이해하고 받아들이는 것에서 더 나아가 자신의 생각과 감정을 적극적으로 표현하는 것까지 문학 교육의 영역이 확장되어야 한다. 이러한 문학 창작의 과정을 시작하기에 가장 좋은 갈래가 바로 '시'이다. 시는 다른 문학 장르에 비해 분량이 짧고, 구조가 단순하며, 좀 더 쉽게 접근할 수 있다. 일기 쓰기 다음으로 아이들이 가장 쉽게 접근할 수 있는 것이 시이다. 교육과정상 소설, 수필, 극과 같은 장르가 초등학교 5~6학년 군이 되어서야 등장하는 반면, 시는

1학년부터 제시된다는 점은 이 사실을 증명해준다.

시라는 장르는 접근상 용이할뿐만 아니라 창작에 있어서 여러 교육적 효과를 가진다. 먼저, 아이들의 창의력을 길러줄 수 있다. 시에서는 '나는 널 좋아해'와 같이 일차원적으로 표현하지 않는다. 그 대신 나의 감정을 보다 효과적으로 나타낼 수 있는 방법을 찾기 위해 고심한다. 다른 대상에 빗대어 나타내기도 하고, 일부러 반대로 말하기도 하고, 내가 아닌 다른 존재가 되어보기도 하는 등 여러 방면으로 고민한다. 내가 느낀 나의 감정을 누구나 다 할 수 있는 '남의 말'이 아닌 '나만의 말'로 표현하는 과정에서 아이들의 창의력이 자라난다.

둘째, 감수성을 길러줄 수 있다. 남들은 무심코 지나치는 작고 사소한 것에도 시는 늘 관심을 가진다. 그리고 그들의 목소리에 귀를 기울인다. 시의 세계에서는 개미 한 마리, 구름 한 조각 허투루 지나칠 게 없다. 이 세상 모든 것들이 다 시가 되기 때문이다. 나의 감정도 마찬가지다. 시를 쓰기 위해서는 나의 감정을 단순히 '좋다' '싫다'라고만 인지해서는 안 된다. 내 감정을 내가 정확히 알아야 하고, 그러기 위해서는 내 마음에 더욱 관심을 기울이고 자주 들여다보아야 한다. 그러다 보면 내면에서 일어나는 미세한 감정 변화에 훨씬 더 예민하게 반응하게 된다. 이처럼 시를 쓰다 보면 나를 둘러싼 외적, 내적인 변화를 민감하게 받아들이고, 이를 섬세하게 표현함으로써 아이들의 감수성이 길러진다.

셋째, 상상력이 풍부해진다. 시는 당연하다고 생각되는 것에 늘 '왜'라는 질문을 던진다. 봄이면 꽃이 피는 것도, 밤이면 달이 뜨는 것도 시 속에서는 어느 하나 당연하지 않다. 시는 이제껏 당연하다고 여겨졌던 것들로부터 나름의 이유를 찾아낸다. 봄에는 왜 꽃이 피는지, 밤이면 왜 달이 뜨는지 시의 언어로 재해석해낸다. 그 이유가 세상의 이치와 맞지 않거나 실제와 다를 수도 있다. 하지만 시의 세계는 자연법칙이 지배하는 현실 세계와는 다르다. 시의 넓은 품속에서는 상상의 나래를 펼친 그 모든 것들이 다 허용된다. 그렇기에 우리 아이들 역시 시를 쓰며 상상력을 마음껏 펼쳐나간다.

넷째, 예술성을 키울 수 있다. 시는 문학이자 아름다움을 추구하는 예술이기도 하다. 시어 하나, 심지어 조사 하나를 고를 때에도 무엇이 더 나을까 수없이 고민한다. 언어를 다듬고 또 다듬으며 가장 정제되고 아름다운 형태로 만들어낸다. 행과 연을 나누어 행간에 호흡을 불어넣는다. 운율을 형성하여 밋밋한 글에 음악적 요소도 가미한다. 이처럼 시는 여러 예술적 요소들이 함께 어우러져 있는 일종의 종합예술인 셈이다. 단순히 내용만 전달하는 것이 아니라 그 속에 아름다움을 담아내기 위한 여러 미적 요소들을 고려하는 과정에서 예술적 감각을 기를 수 있음은 물론이다.

마지막으로, 올바른 인성을 함양하게 된다. 학교 폭력과 같은 여러 문제들이 발생하는 가장 큰 이유는 자신의 감정을 올바르게 표현하는 방법을 모르기 때문이다. 나의 생각과 감정만 일방적으로 말하거나 강요하고, 타인의 감정은 받아들이지 않는 편협한 태도에서 대부분의 갈등이 시작된다. 하지만 시를 쓰면 자신의 감정을 올바르게 표현하는 방법을 자연스럽게 습득할 수 있다. 먼저, 시를 쓰는 과정에서 내 감정을 어떻게 풀어낼 것인가를 고민하게 된다. 평소에는 어떻게 말할지 아무런 고민 없이 일단 말부터 내뱉었다면, 시를 쓸 때는 나의 감정을 어떤 표현을 사용하여 어떻게 나타낼지 신중하게 고민한 후에 글로 써내려간다. 또한, 시는 내 감정을 나만의 언어로 표출하는 것이지만 그렇다고 내 마음대로 써도 된다는 것은 아니다. 항상 시를 읽을 독자를 염두에 두어야 하기 때문이다. 행과 연이라는 정해진 틀 안에서 나만의 표현이라는 독창성과 창의성을 가지면서도, 동시에 독자가 충분히 공감하고 이해할 수 있어야 한다. 읽는 이가 이해하지 못하는 시는 나 혼자 하는 독백과 다를 게 없다. 즉, 나의 감정을 잘 나타내면서도 동시에 상대방에게 어떻게 받아들여질지까지 살펴야 하는 것이다. 이러한 과정을 통해 자연스럽게 상대방을 고려하는 것과 나의 생각과 감정을 표현하는 것 사이에서 균형을 맞춰나가게 되고, 이를 바탕으로 올바른 인성을 길러나갈 수 있다.

사실 이렇게 긴 분량을 할애하지 않더라도 시 쓰기가 아이들에게 좋다는 것은 누구나 다 아는 사실이다. 그럼에도 불구하고 교육 현장에서 시 쓰기를 잘 하지 않는 것은 '지도하기 어렵고 시간이 오래 걸린다'는 이유 때문이다. 하지만 단순히 품이 많이 들어서 포기하기에는 시 쓰기의 의미와 가치가 너무 크다.

지금까지 아이들과 시 쓰기를 실천하면서 느낀 가장 큰 장점은 무엇보다도 아이들이 즐거워한다는 점이다. 교과서에 소개된 딱딱한 시 작품을 읽고 분석하는 것에서 벗어나 말랑말랑한 나만의 언어로 시를 쓰면서 자신을 표현하는 과정을 아이들은 참 즐거워한다. 우리가 교실에서 시 쓰기를 하는 목적도 바로 이것이다. 아이들을 전문 시인으로 길러내고자 하는 것이 아니다. '시'라는 하나의 문학적 수단을 통해 자신의 생각과 감정을 자유롭게 표현하는 것, 그것이 가장 큰 목적이다.

    지금까지 열거한 것들을 다 잊어버려도 좋으니 딱 한 가지만은 기억하기를 바란다. '시 쓰기는 아이들에게 어떠한 방면으로든 도움이 된다'는 이 단순한 사실 말이다. 이 사실만 늘 기억하고 있다면 바쁘다는 핑계로, 시간이 부족하다는 핑계로 미뤄두기만 했던 시 쓰기를 시작할 수밖에 없을 것이다.

차례

프롤로그 선생님, 저는 시가 싫어요! 4

들어가며 왜 시 쓰기일까? 8

1부 시에 다가가기

1. 감각적 표현 19
2. 비유하는 표현 30
3. 시에 운율 더하기 43
4. 감정, 어떻게 나타낼까 54

2부 시와 친해지기

1. 세로 시 쓰기 69
2. 패러디 시 쓰기 79
3. 협동 시 쓰기 93
4. 날씨와 계절로 쓰기 103
5. 우리 가족으로 쓰기 114

3부

**시에
날개 달기**

1. 들은 대로 쓰기 129

2. 다른 대상이 되어보기 141

3. 당연한 것에 의문 가지기 152

4. 물건을 통해 나타내기 165

5. 인터뷰한 내용으로 쓰기 179

4부

**시로
날아오르기**

1. 나의 꿈에 대해 쓰기 193

2. 관점 바꾸기 203

3. 발명 기법으로 상상하기 217

4. 나만의 시집 출판하기 229

에필로그 선생님, 저는 시가 좋아요! 236

1부

시에 다가가기

'지피지기면 백전백승'이라는 말 들어보셨나요? 남을 알고 나를 알면 백 번 싸워도 백 번 이긴다는 뜻입니다. 시도 마찬가지입니다. 시를 알고 나를 알면 시 쓰는 게 더 이상 두렵지 않습니다.

그러면 시에 대해 무엇을 알아야 할까요? 시에는 수많은 특징이 있지만 아이들에게 이 세 가지만 알려줘도 충분히 좋은 시를 쓸 수 있습니다.

먼저, 시는 나를 둘러싼 세상을 주의 깊게 관찰하는 데에서 시작한다는 점입니다. 이를 위해 1장에서는 아이들과 쿠키를 통해 시로 쓰고자 하는 대상을 조목조목 뜯어보는 연습을 해볼 것입니다.

시의 또 다른 중요한 특징은 내가 하고 싶은 말을 다른 대상에 빗대어 말한다는 점입니다. 그 방법이 바로 '비유'입니다. 2장에서는 비유하는 표현에 대해 알아보고, 내가 하고 싶은 말을 비유하는 표현을 사용해 나타내봅니다.

시의 마지막 특징으로는 다른 문학 장르와 달리 노래하는 느낌이 든다는 것입니다. 이는 시에 '운율'이 존재하기 때문인데, 3장에서 아이들이 좋아하는 랩을 활용하여 시에서 운율을 형성하는 방법을 알아봅니다.

시에 대해 파악했다면 이제 자기 자신에 대해서도 잘 알아야겠지요? 시를 쓰려면 일상생활 속에서 무심코 스쳐 지나가는 나의 감정들을 스스로 인지할 수 있어야 합니다. 이를 위해 4장에서는 자기 감정의 주인이 되는 방법을 알아보고, 내가 느낀 감정을 나만의 언어로 표현해봅니다.

자, 이제 우리 아이들과 시 쓰기를 준비해볼까요?

1 감각적 표현

쓰러진 소를 일으키는 데 낙지가 직방이라면, 축 늘어져 있는 아이들을 일으켜 세우는 데에는 '간식'만 한 것이 없다. 평소 집에서도 먹는 과자나 젤리일 텐데, 아이들은 학교에서 먹는 간식을 왜 이렇게 좋아하는 걸까? 곰돌이 모양 젤리 하나면 너도나도 의지가 샘솟는다.

이번엔 좀 더 특별한 간식을 준비했다. 미리 학교 근처 예쁜 카페에서 아이들 수만큼 수제 쿠키를 주문해두었다. 그리고 며칠 후 출근길, 그 카페에 들러 예쁘게 구워진 쿠키를 찾아간다. 고소하고 달콤한 쿠키 냄새를 맡으니, 좋아할 아이들의 얼굴이 그려져 발걸음이 빨라진다.

마침내 다가온 시 쓰기 시간. 캐비닛에 몰래 숨겨 두었던 쿠키를 꺼낸다. 비닐봉지만 보고도 '어?' 하고, 벌써 알아차린 아이들도 있다. "얘들아, 선생님이 너희들 주려고 쿠키를 준비해왔어!" 하고 말하자 "우와! 저 카페 쿠키 진짜 맛있는데! 아이들의 반응이 폭발적이다. 하지만 거저 쿠키를 줬을 리 없다. 이 쿠키도 오늘의 시 쓰기 소재가 될 것이다.

나와 관계 맺은 대상 떠올리기

오늘 시 수업의 주제는 '오감을 활용하여 대상 관찰하기'이다. 아이들은 시를 쓸 때, 사물이나 대상에 대해 피상적이고 상투적인 묘사를 사용하는 경우가 많다. 그러나 누구나 쓸 수 있는 표현으로는 절대 나만의 생각과 느낌을 담아낼 수 없다.

'사과'라고 했을 때 아이들은 대부분 '빨갛고 동그란'이라는 단어를 떠올리곤 한다. 그런데 정말 사과는 빨갛기만 할까? 자세히 보면 빨간 부분도 있지만, 햇빛을 덜 받아 노란 부분도 있고, 부분적으로 갈색 점이 있기도 하다. 그리고 정말 동그랄까? 손으로 천천히 만져보면 꼭 그렇지도 않다. 어떤 부분은 움푹 패어 있기도 하고, 울퉁불퉁한 부분도 있다. 하지만 이렇게 충분히 관찰하지 않으면 사과는 그저 '동그랗고 빨간' 존재로 추상화되고, 일반화된다. 이 세상에 똑같이 생긴 사과는 단 하나도 없는데 말이다.

똑같이 사과를 떠올리더라도, 어떤 사람은 추석날 친척들과 먹었던 사과의 시원하고 아삭한 맛이 생각날 것이고, 또 다른 사람은 어렸을 때 할아버지가 건네주셨던 사과의 매끄러우면서도 거친 껍질의 느낌이 떠오를 수도 있다. 부모님과 마트에서 사과를 사고 집에 돌아오는 길에 장바구니 안에서 은은하게 새어 나오던 사과 향이 생각나기도 한다.

이처럼 어떤 대상에 관해 시를 쓰기 위해서는 '사과'라는 범주를 떠올려서는 안 된다. 이 세상 수많은 사과 중 '나와 관계 맺은 사과 한 알'을 떠올려야 한다. 내 모든 감각을 총동원해 그 사과를 묘사할 수 있어야 한다. 그래야 그 사과가 내 글 속에서 생명력을 얻고 살아난다. 그래야 그 사과와 관련된 나만의 이야기와 생각이 글 속에서 살아난다.

잊고 지냈던 나의 감각 깨우기

우리에게는 '눈, 코, 입, 귀, 피부'라는 감각기관이 있다. 내가 보려고 하지 않아도 보이고, 맡으려 하지 않아도 냄새가 난다. 그러다 보니 평소에 이런 감각들에 딱히 신경 쓰지 않는다. 하지만 이 감각을 '제대로' 활용하기 위해서는 연습이 필요하다. 사과를 '빨갛다'라고만 인식하는 눈에서 '노랗고 거뭇하기도 하고, 갈색 점도 있다'라고 보는 눈이 되기 위해서는 의도적이고 반복적인 훈련이 필요하다. 시력의 문제가 아니다. 이에 '쿠키'로 아이들의 오감을 깨워줘보자.

"이 세상에 쿠키와 나, 단둘이 남았다고 생각해보세요. 옆자리에 앉은 짝꿍도, 형광등 불빛도, 에어컨 바람도 쿠키와 나 사이를 방해할 수 없어요. 오직 단 하나, 쿠키뿐이에요. 쿠키에 내 모든 감각을 집중해보세요."

아이들에게 쿠키와 함께 위와 같은 마인드맵을 제공해준다. 쿠키를 '덥석' 입 속으로 넣기 전에 눈으로 충분히 관찰하고, 손으로 만져보고,

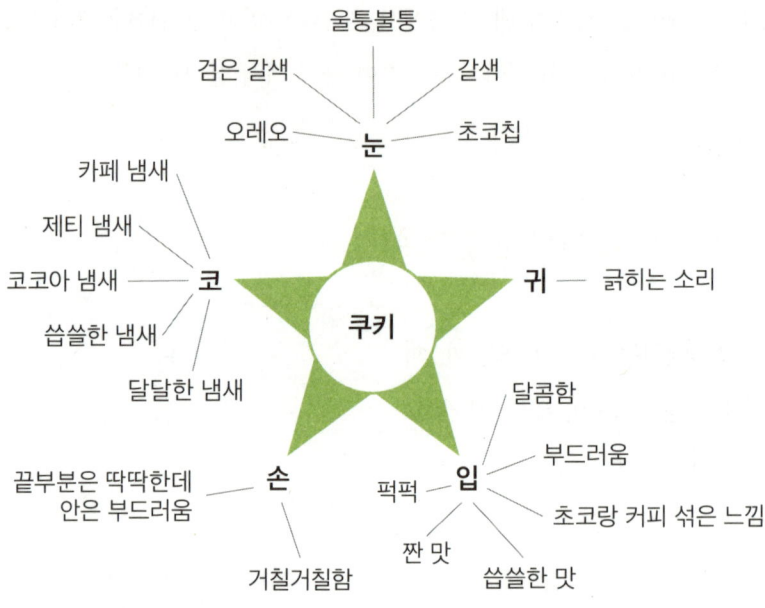

코로 냄새도 맡아보라고 한다. 그러고 나서 입 속에서 쿠키를 천천히 씹어도보고, 빨리 씹어도본다. 쿠키만 먹어보기도 하고, 우유와 함께 먹어보기도 한다. 목구멍으로 꿀꺽 삼키기 직전까지 어떤 맛이 나는지 음미해본다. 쿠키를 씹을 때 나는 소리에도 귀 기울인다. 쿠키를 입에 넣기 전에 쿠키 표면을 긁어보거나 두드려보고, 그때 나는 소리를 기록해도 좋다. 최대한 다양하게, 그리고 구체적으로 기록한다.

쿠키와 나만의 관계 형성하기

마인드맵 작성이 끝나면 이를 시로 바꾸어본다. 하지만 관찰한 내용만 그대로 옮겨 쓰는 것은 쿠키에 대한 설명문에 불과하다. 내가 관찰한 내용이 시가 되려면 '쿠키와 나만의 관계'가 필요하다. 이를 위해 자신이 쓴 마인드맵을 다시 한번 살피면서 쿠키를 관찰할 때 든 생각이나 느낌을 메모한다. 똑같이 울퉁불퉁하다고 느꼈어도 어떤 사람은 그것을 우주 속 행성으로 보기도 하고, 어떤 사람은 보도블록 같다고 생각하기도 한다. 그것이 대상을 개인화시키는 것이고, 시는 바로 여기서 출발한다.

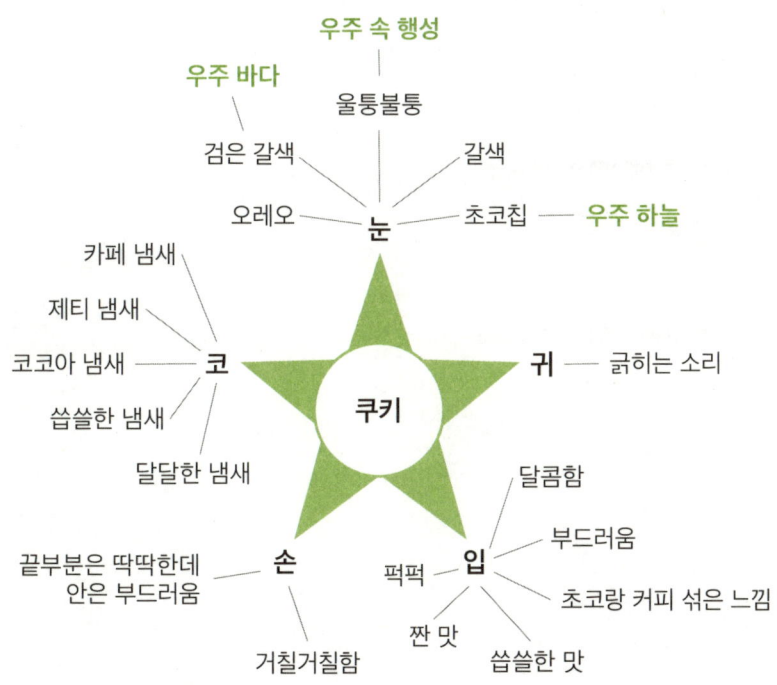

1. 감각적 표현

쿠키에 대한 자신의 감상까지 충분히 구체화했으면 이제 시로 표현해 본다. 관찰한 모든 내용을 다 적을 필요는 없다. 그중에서 자신에게 인상 적이었던 것들만 선별하여 작성한다. 다음은 학생들이 오감으로 쿠키라 는 대상을 관찰하고 쓴 시 예시이다.

「우주」

김민예

우주 안 행성처럼 울퉁불퉁한 쿠키
어느새 블랙홀처럼 내 입으로 들어가는 쿠키
우주 하늘처럼 까만 초코칩
까만 우주 바다에서 수영하듯
쿠키를 즐기는 내 입

쿠키는 언제나 우주처럼 새롭다

「가족 같은 쿠키」

전민규

가족과 싸우고
쾅 방문 닫고 들어갈 때처럼
먹을 때마다 부스러지는 쿠키

왁자지껄 재미있는 우리 가족처럼
오독오독 씹히는 쿠키

가족과 함께하면 더 신나는 것처럼
우유와 먹으면 백 배 더 맛있는 쿠키

바삭하게 튀겨진 치킨 나눠 먹을 때처럼
거칠지만 바삭한 쿠키

쿠키는 신나는 우리 가족 같다

「놀이공원」

이서연

놀이공원 같은 쿠키

놀이공원 시멘트 바닥처럼 울퉁불퉁
놀이공원처럼 반짝반짝 예쁜 모양

여기저기 풍기는 달콤한 냄새처럼
고소 달달 입안 축제

귓속에 들리는 팡팡 폭죽 소리
놀이공원 한번 갔다 왔네

「장난감 나라」

김대현

장난감 나라의 달콤함
장난감 나라의 하얀 폭포

튜브를 타고 둥둥 떠 있는 강아지

하늘을 나는 장난감 비행기

콕콕 박혀 있는 자갈돌 블록

어? 내 쿠키 어디 갔지?

장난감 나라는 내 배 속으로

냠냠

「세상에서 가장 달콤한 해변」

최서윤

비가 지나가고

내 눈앞에 놓인 달콤한 해변

촉촉하고 달콤한 모래

그 위 알록달록 달콤한 자갈돌

달달한 사탕 같은 향긋한 향기

뜨거운 햇빛에 다시 노릇노릇해진 모래알

세상에서 가장 달콤한 해변

아이들 모두 똑같은 쿠키를 먹었지만, 아이들의 시 속에는 어느 하나 똑같은 쿠키가 없다. 쿠키는 저마다 우주, 가족, 놀이공원, 장난감 나라, 그리고 해변이 되었다. 이처럼 쿠키의 의미는 쿠키라는 사물 안에 내재되어 있는 것이 아니라, 아이들 스스로 쿠키와 오감으로 교감하고 끊임없이 상호작용할 때 비로소 만들어진다.

쑥부쟁이와 구절초를 구별하는 삶

쑥부쟁이와 구절초는 참 많이 닮았다. 식물에 관해 해박한 지식이 있는 사람이 아니고서야, 얼핏 보면 이 둘을 구별하기란 어렵다. 하지만 안도현의 시 「무식한 놈」(『그리운 여우』, 창비, 1997)에서 시인은 '쑥부쟁이와 구절초를 구별하지 못하는 너'와 지금부터 '절교'하겠다고 선언한다. 이 시

쑥부쟁이와 똑 닮은 구절초

구의 의미가 식물 공부를 열심히 하는 사람하고만 사귀겠다는 건 아닐 것이다. '너'가 쑥부쟁이와 구절초를 구별하지 못했던 '과거의 나'라고 해석한다면, 이 말은 앞으로 자신을 둘러싼 세상을 더 자세히 들여다보고, 이를 섬세하게 글로 쓰겠다는 다짐일 것이다.

우리 아이들도 오늘 수업을 통해 '쿠키는 맛있고 달콤하다'라고만 말하던 자신과 절교하길 바란다. 마음의 눈으로, 코로, 입으로, 귀로, 손으로 대상을 끈질기게 관찰하고, 이를 자신만의 표현으로 섬세하게 나타내길 바란다. 그리고 이러한 자세를 '사랑'이나 '행복' 같은, 눈에 보이지 않는 대상으로도 점차 확장해나가보자.

하루아침에 쑥부쟁이와 구절초를 구별하기란 어려울 것이다. 그러니 수업이 끝난 후에도 교사가 "잠깐만, 아직 발견하지 못한 무언가가 남아있지는 않을까?" 하고 아이들에게 끈질기게 상기해주길 바란다.

2 비유하는 표현

비유하는 표현, 왜 쓰는 걸까?

'내 마음은 호수요 그대 노 저어 오오.'

비유하는 표현을 이야기할 때면 떠오르는 것 중 하나가 바로 김동명 시인의 시, 「내 마음은」(『김동명 시선』, 지만지, 2012) 이다. 비유법의 대명사처럼 자리 잡은 이 구절. 그렇다면 시인은 왜 마음을 호수라고 표현했을까?

'비유하는 표현'이란 내가 말하고 싶은 어떤 현상이나 사물, 감정 등을 그것과 비슷한 현상이나 사물에 빗대어 표현하는 것이다. 즉, '공통점'이 있는 두 대상을 연결한다. 그리고 그 두 대상을 연결하는 연결 고리가 바로 직유법, 은유법 등이다.

시인이 비유하는 표현을 사용하는 데에는 분명한 '목적'이 있다. 두 대상 사이에 공통점이 존재한다는 이유만으로 짝지어놓지 않는다. 그것은 내가 표현하고자 하는 것을 독자에게 더 생생하고 효과적으로 전달하기 위함이다. 즉, 비유란 시인이 사용하는 '표현 수단' 중 하나이다.

다시 김동명 시인의 「내 마음은」으로 돌아가보자. 시인이 하고 싶은 말은 아마도 '내 마음은 맑고 잔잔하고 평화로우므로 언제든 당신은 제게 오셔도 됩니다. 저는 당신을 받아들일 준비가 되어 있어요'였을 것이다. 하지만 시인은 고민했다. '이런 내 마음을 독자들에게 좀 더 효과적으로 전달할 방법이 없을까?' '독자들의 머릿속에 좀 더 깊이 남으면서 내가 하고 싶은 말을 잘 표현할 방법이 없을까?' 그래서 시인은 호수를 떠올렸다. '호수'와 '내 마음'은 '잔잔하고 맑다'라는 공통점이 있으므로, '내 마음'의 상태를 구구절절 길게 풀어 설명하는 대신 짧고 강렬하게 '내 마음은 호수요'라고 표현한 것이다.

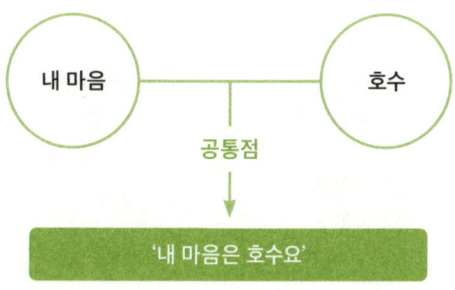

무엇이 무엇이 비슷할까

아이들에게 비유하는 표현을 가르칠 때는 곧바로 시를 가지고 접근하기보다는 좀 더 가볍게 시작하는 것이 좋다.

내 개그, 횡성 한우 도찐개찐 일등급이다.
내 개그, 다 탄 숯 도찐개찐 빼주세요.
국산 과자, 내 통장 잔고 도찐개찐 얼마 안 들었다.
박성호 인기, 꽃가루 도찐개찐 떨어지고 있다.

위 영상은 〈개그콘서트〉에 나오는 '도찐개찐'이라는 코너이다. 이 영상은 아이들과 비유하는 표현을 시작하기에 아주 좋다. 개그맨들의 익살스러운 표현은 매우 생동감 넘치고 재치 있다. 시를 쓰기 위해 비유하는 표현을 사용하는 것이 아니라, '내가 말하고 싶은 것을 효과적으로 전달하기 위해' 사용한다는 것을 실감 나게 느낄 수 있다.

영상을 본 후, 아이들과 함께 영상에 나온 표현 중 인상 깊었던 것들을 골라 도식화해본다. 그리고 새로운 도찐개찐 개그도 만들어 도식을 채워보자. 반 아이들과 일정박으로 손뼉을 치고, 그 손뼉 소리에 맞춰 한

명씩 일어나 내가 쓴 것을 발표하는 것도 재미있다.

아이들이 이 도식을 사용하는 것을 충분히 연습한 후에 비유하는 표현 만들기로 넘어간다. 섣불리 직유법과 은유법을 가르친 후 시를 써보라고 하지 않는다. 그 이유는 크게 두 가지이다.

먼저, '비유하는 표현'의 개념을 시각적으로 각인시키기 위함이다.

설명(글)	지도(시각화된 정보)
2m 직진 후 왼쪽으로 139m 이동 화원농협 명곡 지점 방면으로 횡단보도 건너기 오른쪽으로 26m 이동 명곡미래빌 1단지 아파트 101동 방면으로 횡단보도 건너기 왼쪽으로 192m 이동 우리할인마트 명곡점 방향으로 횡단보도 건넌 후 19m 이동 오른쪽으로 239m 이동 고기싸롱 대구화원점에서 횡단보도 두 개 건너고 63m 이동 직진하여 38m 이동	

위 두 정보는 똑같이 '대구명곡초등학교'에서 '화원시장'까지 가는 길을 나타내고 있다. 하지만 둘 중 어떤 게 더 기억에 잘 남을까? 글로 된 설명은 아무리 열심히 외워도 책을 덮는 순간 절반도 기억에 남지 않을 것이다. 그에 비해 지도는 금세 머릿속에 각인된다.

2. 비유하는 표현　33

도식을 사용해 비유하는 표현의 개념을 잡아주는 이유도 이와 마찬가지다. 아이들에게 비유하는 표현은 생각보다 간단하지 않다. '어떤 현상이나 사물을 비슷한 현상이나 사물에 빗대어 표현하는 것'이라는 설명은 아이들의 머릿속에 남지도, 쉽게 와닿지도 않는다. 그래서 추상적이고 모호한 설명 대신 이를 도식화하고, 반복적으로 제시함으로써 개념을 시각적으로 각인시키고자 했다.

두 번째 이유는 '원관념'과 '보조관념'을 구별하는 연습을 하기 위함이다. 직유법과 은유법을 사용해 비유하는 표현 만들기를 해보면, 아이들이 가장 헷갈리는 것이 바로 원관념과 보조관념이다. '내 마음은 호수요'라고 적어야 할지 '호수는 내 마음이요'라고 적어야 할지, '호수 같은 내 마음'인지 '내 마음 같은 호수'인지 헷갈려하는 경우가 많다. 얼핏 보면 굳이 구별할 필요가 없어 보일 수도 있다. 일부러 원관념과 보조관념의 위치를 바꾸어 표현의 효과를 높이는 시인들도 있기 때문이다. 하지만 이는 의도적인 기법이며, 기본적으로 원관념과 보조관념의 개념을 구별하는 것은 매우 중요하다.

앞서 말했듯 비유는 내가 표현하고자 하는 것을 더 효과적으로 나타내기 위한 '표현 수단'이다. 비유하는 표현은 '내가 표현하고자 하는 것'과 '그것을 나타내기 위한 수단'으로 이루어져 있고, 그것이 바로 원관념과 보조관념의 개념이다. 그런데 이를 제대로 구별하지 않고 혼재해서 사용하면 비유하는 표현의 본질이 흐려지고, 목적과 수단이 서로 뒤바뀌어 버린다. 따라서 '내가 나타내고 싶은 것(원관념)'과 '그것과 비슷한 것(보조관념)'으로 칸을 나누고, 아이들이 이를 충분히 구별하는 연습을 할 수 있도록 지도해야 한다.

　이 도식을 사용해 여러 번 연습한 후에는 원관념과 보조관념의 범위를 확장해준다. 아이들은 주로 눈에 보이는 사물이나 대상들 위주로 비유하는 표현을 만들곤 한다. 하지만 '사랑, 행복, 짜증, 희망, 꿈' 등 눈에 보이지 않는 감정이나 추상적인 개념도 비유하는 표현으로 나타낼 수 있다는 것을 알려준다.

놀이로 비유하기

　'비유하는 표현'에 새로움과 참신함을 불어넣어 줄 수 있는 놀이를 한 가지 제안한다. '짝과 함께하는 비유 놀이'이다.

바나나	하늘	칠판	우유	강아지	책상	우산

　위 그림처럼 가로로 길게 칸을 만들고, 지금 머릿속에 떠오르는 낱말들을 생각나는 대로 채워 넣는다. 칸을 다 채웠으면 연필로 그 위를 왔다 갔다 한다. 짝이 "그만!"을 외쳤을 때 나오는 낱말 두 개를 쓰고, 두 낱말 사이에서 공통점을 찾아본다.

　이 놀이를 하면 '바나나와 칠판' '우유와 우산'처럼 전혀 공통점이 없어 보이는 두 대상이 만나는 경우가 생긴다. 하지만 놀이 규칙상 그 사이에서 서로 비슷한 점을 반드시 찾아내야만 한다. 그러기 위해서는 대상을 더 깊이 있게 관찰하고, 대상이 지닌 속성들을 하나하나 면밀하게 검토해야 한다.

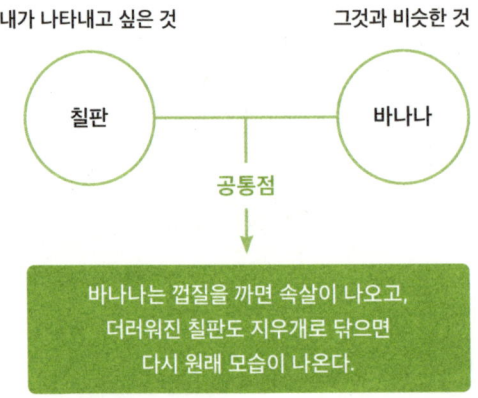

비유하는 표현 만들기를 하다 보면 상투적인 표현들만 적어내는 아이들이 있다. '토마토처럼 빨간 얼굴' '기린처럼 긴 전봇대'와 같은 표현은 누구나 떠올릴 수 있다. 반짝반짝 빛나는 나만의 표현을 만들어내기 위해서는 남이 생각하지 못한, 전혀 연관성 없어 보이는 두 대상 사이에서도 공통점을 발견하여 비유하는 표현으로 나타낼 수 있어야 한다. 이를 연습하는 데 이 놀이가 큰 도움이 될 것이다.

직유법과 은유법

이제 비유하는 표현을 직접 만들어볼 차례이다. 비유하는 표현을 만들기 위해서는 원관념과 보조관념을 잘 연결해 하나의 문장으로 나타내야 한다. 그 역할을 하는 것이 바로 '직유법'과 '은유법'이다.

직유법과 은유법을 사용하는 방법을 알려주기 위해 위와 같이 도식에 해당 내용을 추가해주었다. 이렇게 하면 원관념과 보조관념을 헷갈려 하는 경우를 줄일 수 있다.

아이들은 직유법, 은유법의 개념을 어려워한다. 그래서 '직접 비유하는 방법', '은근히 비유하는 방법'이라고 풀어서도 말해준다. 하지만 이렇게 해도 쉽게 와닿지 않는다. '직접' 비유하는 건 무엇이고, '은근히' 비유하는 건 뭘까. "'~는 ~다'가 더 직접 비유하는 거 아닌가요? '우리 반은 거미줄이다'라고 직접 말해주잖아요"라고 말하는 아이들도 있다.

직유법과 은유법을 엄격하게 구분하여 가르칠 필요는 없다. 본질은 직유법과 은유법 모두 '공통점을 가진 두 대상을 서로 연결해주기 위한 방법'이라는 것이다. 종이를 붙일 때 풀로 붙이는 사람이 있는가 하면, 테이프로 붙이기도 하고, 펀치로 구멍을 뚫어 링을 걸기도 한다. 비유법도 마찬가지이다. 직유법과 은유법은 '내가 나타내고 싶은 것'과 '그것과 비슷한 것'을 서로 연결해주는 여러 방법 중 하나일 뿐이다. 그중 어떤 것을 활용할지는, 풀을 쓸지 테이프를 쓸지 고르는 것처럼 상황에 맞게 적절하게 선택하면 된다.

따라서 아이들에게 직유법과 은유법을 지도할 때 각각의 개념을 정확하게 구별하거나, 이론적인 의미를 외우도록 하는 것은 그다지 의미가 없다. 대신 상황에 따라 적절하게 사용할 수 있는 다양한 선택지를 제공해준다는 개념으로 접근해야 할 것이다.

비유하는 표현을 사용해 시 쓰기

이제 '비유하는 표현'을 사용해 한 편의 시를 써보자. 본격적으로 시를 쓰기에 앞서 아이들의 흥미를 유발할 수 있는 재미있는 영상으로 아이들의 이해를 돕는다. 다음은 텔레비전 프로그램 〈무한도전〉의 '명수는 12살' 에피소드에서 배우 김유정이 쓴 시이다.

「봄」

봄은 명수다

> 봄은 명수처럼 예쁘다
> 봄은 명수처럼 화를 낸다
> 모래바람처럼 나에게는 명수의 칼바람이 분다
> 봄은 명수다

짝꿍 명수를 '봄'에 비유하여 시로 나타낸 것처럼, 비유하는 표현을 사용해 시를 써본다. 아이들은 오늘 새로 배운 비유하는 표현을 시 속에 꼭 넣어야 한다는 조건 하나만으로도 이미 충분히 머리가 과부하 상태이다. 따라서 오늘의 목표인 비유하는 표현 이외의 것들에 대한 첨삭이나 조언은 최소화하는 편이 좋다. 핵심에 좀 더 집중하자.

곧바로 시를 쓰기 어려워하는 학생에게는 단계적으로 접근하도록 안내해준다. 처음부터 한 편의 완성된 시를 쓸 필요는 없다. 앞에서 사용한 도식을 활용해 비유하는 표현부터 만든다. 그리고 만들어놓은 표현들을 조합하고, 거기에 제목만 붙여도 한 편의 시가 될 수 있다. 다음은 비유하는 표현을 활용한 학생 작품 예시이다.

「나의 감정」

박진성

나는 공부가 잘 안 풀릴 때
고라니처럼 짜증 난다

나는 놀 때나 게임할 때
밥 먹는 것처럼 즐겁다

나는 가족이랑 같이 있을 때
햇빛이 비치는 것처럼 기쁘다

나는 기쁠 때나 즐거울 때
벚꽃 피는 것처럼 행복하다

나는 밤이 되면 바람처럼 날아가서 잔다

이런 나의 감정들을
함께하는 가족이 있어 기쁘다

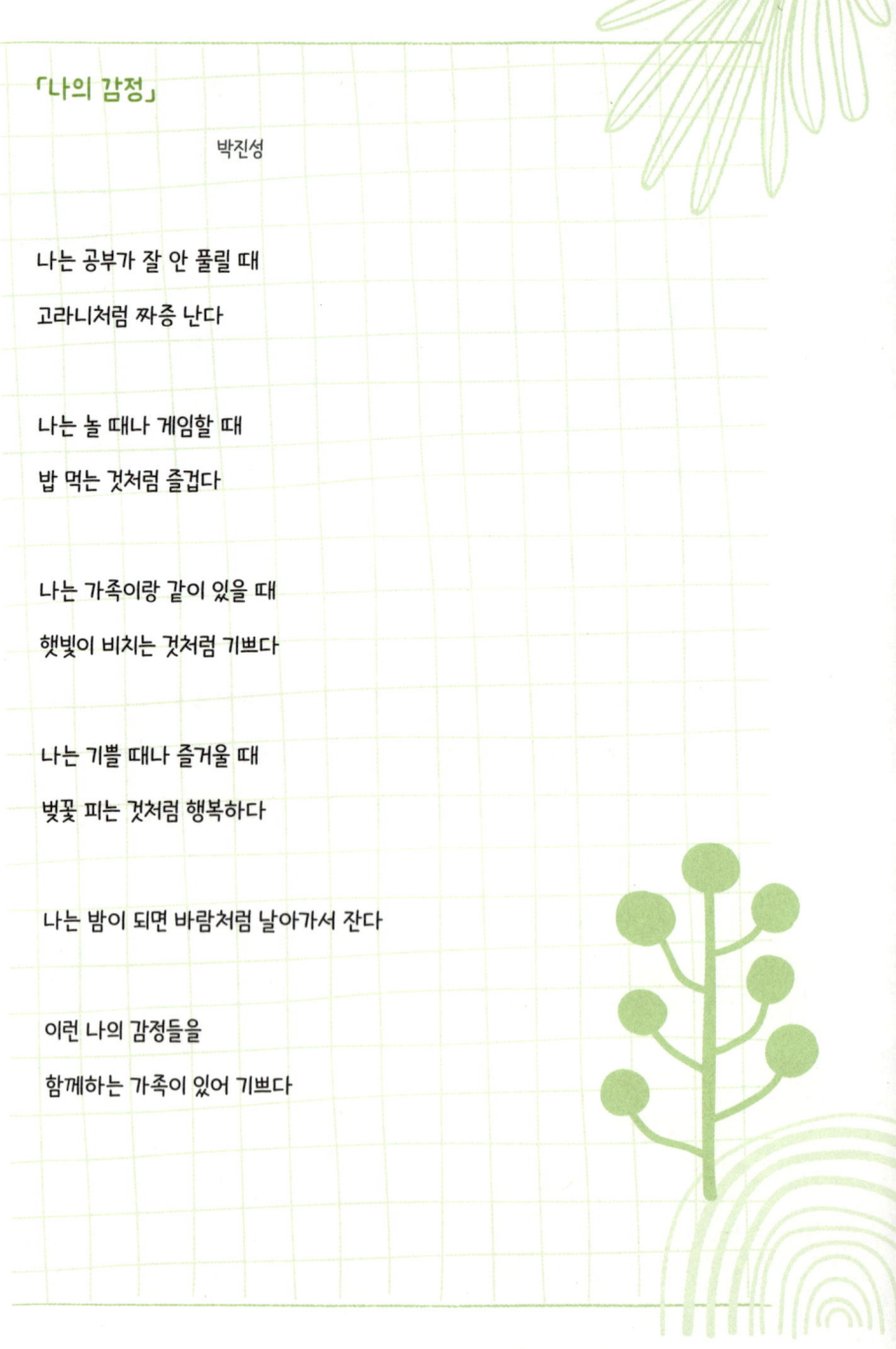

「봄과 자연」

　　　　　박지우

목적지 없이 유랑하는 바람처럼
자유롭게 하늘 나는 새

포근하고 기분 좋아지는 솜처럼
솜사탕 같은 하늘

함께 있으면 기분 좋고 다정한 아빠처럼
따뜻한 나무

여기저기 다양한 꽃 생명 피우는
형형색색 스케치북 같은 봄

「정글짐」

　　　　　김가빈

정글짐에 올라가면 이유 없이 다리가 떨린다

꼭대기에 올라앉으면

한없이 불어오는 시원한 바람

정글짐은 엉켜 있는 거미줄

정글짐에 올라가면 나는 거미가 된다

밤이 되어 화가 나 쫓아오는 엄마도 거미가 된다

정글짐은 까다로운 할머니

여름엔 뜨겁게, 겨울엔 차갑게 군다

까다로우신 할머니 덕분에

핫팩이 된 내 손은 활활 타고

얼음팩이 된 내 손은 부르르르 떨린다

조금만 더 크면

낑낑대며 들어갈 것 같은

자그마한 좁은 감옥

3
시에 운율 더하기

　시가 다른 문학 장르와 구별되는 특징 중 하나는 '운율'이 있다는 것이다. 물론 무조건 짧게 쓴다고 해서 운율이 생기는 것은 아니다. 운율이 만들어지는 데에는 나름의 원리가 있다.
　이때 평소 아이들이 좋아하는 '랩'을 활용하면 운율의 개념을 좀 더 쉽게 이해하고 재미있게 배울 수 있다. 운율이 잘 느껴지도록 시를 써본 후, 시에 비트를 깔아 랩으로 불러봄으로써 시가 노래가 되는 일련의 과정을 몸소 체험하도록 한다.

시가 노래가 된다고?

　운율이란 시에서 느껴지는 말의 가락이나 리듬으로, 시가 '노래를 부르는 것처럼' 느껴지게 하는 요소이다. 그런데 진짜 시가 노래가 될 수 있을까? 참고 자료로 다음 영상을 살펴보자.

「초2병」   「이런 신발」   「넘어 선, 안 될 선」

위 영상에 나온 랩은 처음부터 랩이 아니었다. 원래는 신민규 시인의 시집 『Z교시』(문학동네, 2017)에 실린 「초2병」 「이런 신발」 「넘어 선, 안될 선」이라는 시였다. 그런데 시에 비트를 깔고 박자에 맞춰 불러보았더니 랩이 되었다. 이렇게 신민규 시인의 시가 랩이 될 수 있었던 이유는 무엇일까?

랩에선 라임, 시에선 운율

랩이 되기 위해서는 '라임'을 잘 맞춰야 한다. 힙합을 좋아하는 아이들에게 라임이라는 말은 이미 친숙하다. 랩에서 라임을 맞추는 것이 곧 시에서는 '운율'을 맞추는 것이다. 운율이 잘 맞는 시는 마치 라임이 있는 랩처럼 느껴진다.

시에서 운율이 느껴지게 하는 방법은 매우 많다. 그중에서 초등학생들이 그 효과를 직접 느낄 수 있고 쉽게 따라 할 수 있는 네 가지를 소개하고자 한다.

‖ 소리가 비슷한 글자 반복하기

「사과」

김대현

노력해야지
잘해줘야지
사과처럼 빨개지지 말고
용기 내야지

사과가 익어가듯 달라져야지
어쩔 수 없어
부끄럽게 도망치지 말고
이제 나도 말해야지

"미안해 노력하려 했는데
그게 잘 안되더라."

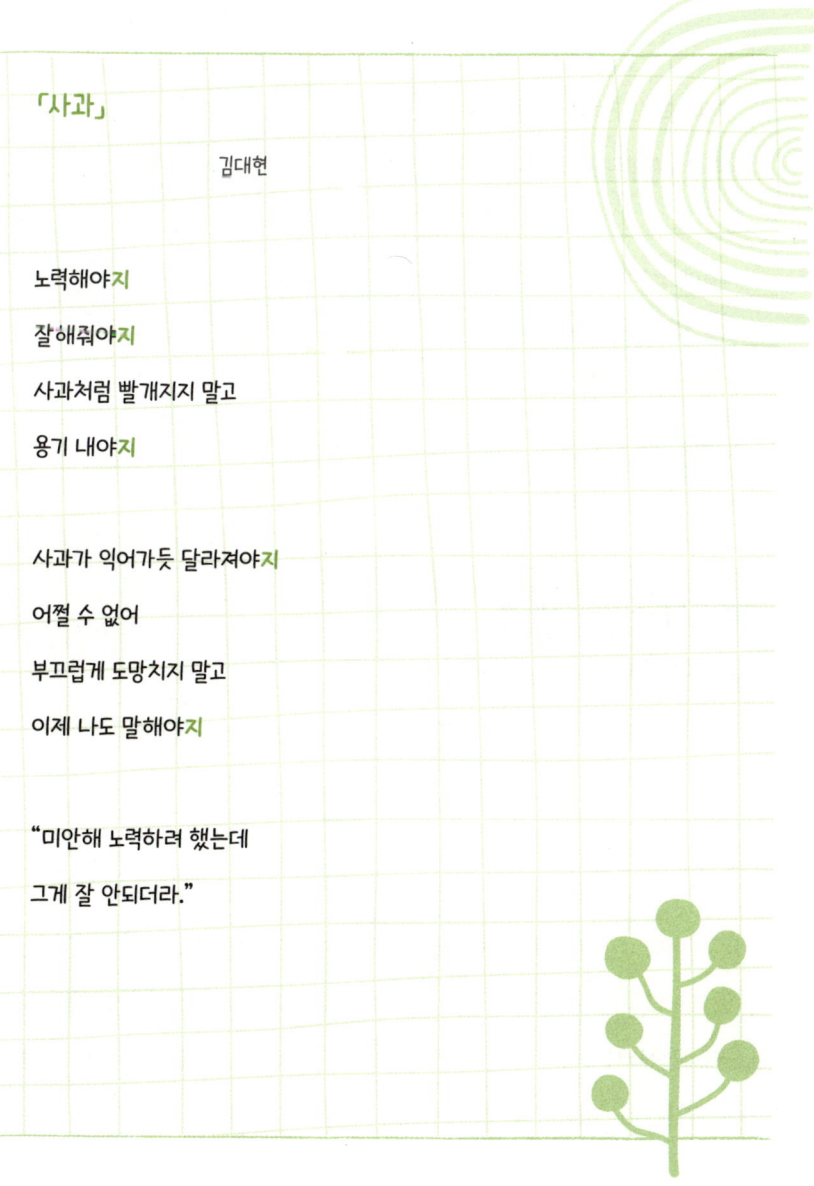

「구름」

허유빈

언제나 뜨거운 햇빛에 몸을 던져
우리를 보호해주는 구름

마음에 상처가 있는 친구에겐
눈물 흘려 함께 위로하는 구름

언제나 다른 모습으로
우리를 즐겁게 해주는 구름

언제나 몸을 **띄우는** 구름처럼
나도 미소를 **띠어**
너에게 선물할래

 학생 작품 「사과」에서는 어미에 '~지'라는 동일한 글자를 반복하여 운율을 형성하고 있다. 하지만 반드시 정확하게 같을 필요는 없다. 「구름」에서 알 수 있듯, '띄우는'과 '띠는'은 뜻은 전혀 다르지만 발음이 비슷하기 때문에 반복되는 과정에서 운율이 형성된다. 이와 같이 시 속에 '같이'와 '가치', '얼른'과 '어른', '걸음'과 '거름', '축제'와 '숙제' 등 소리가 비슷한 단

어들을 의도적으로 활용해보자.

‖ 비슷한 문장 구조 반복하기

「꽃게」

이온유

꽃게는

왜 옆으로 걷는 걸까?

관심을 받고 싶어서일까?

꽃게는

왜 옆으로 걷는 걸까?

좁은 틈 사이도 잘 지나가고 싶어서일까?

꽃게는

왜 옆으로 걷는 걸까?

좋아하던 친구의 버릇을 따라 하는 걸까?

비슷한 글자의 반복이 낱말 단위에서 이루어진다면, 문장 구조의 반복은 좀 더 넓은 범위인 문장 단위로 이루어지는 반복이다. 학생 작품 「꽃게」에서는 '꽃게는 왜 옆으로 걷는 걸까?' '~까?'라는 질문과 답변 구조를 반복하여 운율을 형성하고 있다.

∥ 소리나 행동을 흉내 내는 말 사용하기

「벚꽃」

이서연

놀이터는 벚꽃이다
떨어지는 벚꽃 잎을 잡으며
친구들과 즐겁게 싱글벙글

햇님은 벚꽃이다
떠오르는 햇님은
벚꽃이 활짝 피듯 반짝반짝

친구는 벚꽃이다
즐겁게 놀다가 나중에 헤어지면
벚꽃이 떨어지는 것처럼 스르르르

의성어나 의태어를 사용해도 시에서 운율이 느껴진다. 이 학생은 각 연의 끝에 '싱글벙글' '반짝반짝' '스르르르'라는 흉내 내는 말을 사용하고 있다. 또 '~는 벚꽃이다'라는 문장 구조도 반복하고 있다. 이처럼 운율을 나타내는 방법은 하나만 사용할 수도 있지만, 여러 가지를 함께 사용하면 시가 더욱 다채로워진다.

‖ 비슷한 글자 수의 반복

「단심가」

정몽주

이 몸이 / 죽고 죽어 / 일백 번 / 고쳐 죽어

백골이 / 진토 되어 / 넋이라도 / 있고 없고

님 향한 / 일편단심이야 / 가실 줄이 / 있으랴

위 시는 3~4자의 글자 수를 반복하여 리듬을 살리고 있다. 하지만 글자 수의 반복은 현대 시보다는 주로 시조에서 사용되는 방법이다. 따라서 굳이 지금 언급하지 않고 이후 국어 교과에서 시조를 배울 때 시조의 형식과 함께 짚어줘도 된다. 글자 수의 반복을 연습할 때에는 아래와 같은 틀을 사용하여 시를 써보면 도움이 된다.

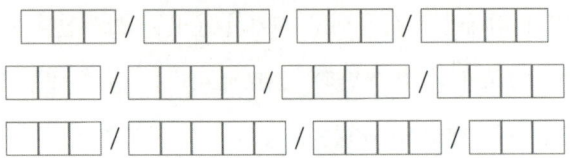

위 네 가지 방법에는 공통점이 있다. 바로 '비슷한' 것이 '반복'된다는 것이다. 단어, 문장 구조, 글자 수가 비슷하게 반복되면 리듬이 생기고, 거기서부터 노래하는 느낌, 즉 운율이 형성된다. 흉내 내는 말 역시 대체로 같은 음절이나 단어가 반복되는 경우가 많으므로 이에 속한다고 볼 수 있다. 따라서 운율의 핵심은 '규칙적인 반복'이다.

시인이자 음악가 되어보기

이제 배운 내용을 바탕으로 시를 써보자. 오늘 목표는 '운율'을 살려 시가 노래처럼, 시가 랩처럼 들리도록 하는 것이다. 글의 소재는 아이들이 자유롭게 정하도록 한다. 장난스러운 내용이어도 되고, 내용끼리 서로 잘 이어지지 않아도 괜찮다. 시의 외적인 특징에 좀 더 집중해본다. 혼자 써도 좋고, 모둠 친구들끼리 한 팀이 되어 함께 써도 좋다. 다음은 학생들이 운율을 살려서 쓴 작품 예시이다.

「술 먹은 아빠의 최후」

　　　　　　허유빈, 이은유, 최서윤

엄마는 아빠를 퍽퍽
아빠는 아파서 억억

엄마는 한숨이 턱턱
엄마의 혈압이 팍팍
아빠는 용돈을 탁탁
아빠의 지갑은 탈탈

우리의 표정은 마치 각시탈

「오백 원」

　　　　　　박지우

땅 오백 번 파봐라
오백 원 나오나

울 어머니 매일매일
나에게 말했지

어머니 이젠 그런 걱정 말아요

어머니 이젠 제가 오백 벌어요

비트에 맞춰 시 낭송하기

이제 시를 음악과 만나게 할 차례이다. 하단에 제시된 두 가지 비트를 활용하거나, 아이들이 직접 자신의 시에 어울리는 비트를 찾아보아도 좋다. 준비가 되었다면 비트에 맞춰 시를 낭송해보자. 아니, 비트에 맞춰 랩을 해보자. 우리가 쓴 건 시일까, 랩일까? 시가 감쪽같이 음악으로 변신했다.

비트1   비트2

운율, 시를 더욱 다채롭게 만들어주는 것

지금까지 의도적으로 운율을 강조해서 시를 써보았다. 하지만 운율을 만드는 것이 시의 가장 중요한 목적이 되면 안 된다. 시의 목적은 무엇보다 시의 '내용'에 있어야 한다. 내 감정과 생각을 솔직하게 표현하고 이를 효과적으로 전달하는 데 초점을 맞춰야 한다. 진정으로 시를 시답게 만드는 것은 운율 같은 시의 형식적 특성이 아니라 시 속에 담긴 나의 '진심'이다.

따라서 운율은 '시를 더욱 다채롭게 만들어주는 것'이라는 사실을 아이들이 충분히 인식하도록 해야 한다. 행여나 아이들이 운율에 얽매여 내용을 소홀히 하는 것을 경계해야 함은 물론이다. 스파게티 위에 뿌려진 치즈 가루는 음식의 풍미를 높여주고 보기에도 좋지만, 없어도 스파게티 자체를 즐기는 데에는 별문제가 없다. 하지만 면 없이 소스 위에 치즈만 덩그러니 뿌려진 건 음식이 될 수 없다. 이렇듯 시에서 운율이란 시를 맛깔나게 만드는 존재가 되어야 한다.

운율 학습은 아이들이 시 쓰기에 어느 정도 익숙해진 뒤에 하는 것이 좋다. 초반에 운율을 지나치게 강조하면 아이들이 시를 쓸 때 고려해야 할 것들이 너무 많아진다. 그 시기에는 어떤 내용으로 시를 쓸지, 행과 연을 어디서 나눠야 할지와 같은 아주 기본적인 것들만 고려하기에도 벅차다. 따라서 운율은 아이들이 시 쓰기에 어느 정도 익숙해진 후에 안내해 줘야 할 것이다.

4
감정, 어떻게 나타낼까

　우리말은 참 섬세하다. 영어로는 'red' 한 단어뿐인데 한국어로는 빨간색을 나타내는 단어가 참 많다. 빨갛다, 붉다, 불그스름하다, 시뻘겋다, 새빨갛다, 짙붉다, 검붉다, 불그죽죽하다, 다홍, 진홍, 자홍……. 빨간색을 우리말로 표현하면 짙고, 옅고, 밝고, 어둡고, 자줏빛이 돌기도 하고, 검은 빛이 돌기도 하는 각기 다른 빨간색이 된다. 빨간색 중에서도 조금씩 다른 그 미묘한 차이를 나타내기 위한 노력의 결과일 것이다.
　우리의 감정도 마찬가지다. 하늘 아래 똑같은 빨간색이 없는 것처럼 하늘 아래 똑같은 감정은 없다. 그런데 우리 아이들은 이러한 자신의 감정을 발견하고 표현하는 데 서툴다. 아이들의 일기장이나 독후감을 보면 '참 재미있고 즐거웠다'로 끝나는 경우가 대부분이다.
　좋은 감정만 하더라도 행복, 사랑스러움, 반가움, 짜릿함, 기쁨, 푸근함, 자랑스러움, 정겨움, 뿌듯함, 친숙함, 편안함, 가슴 벅참 등 셀 수 없을 만큼 수많은 감정들이 있다. 같은 감정 안에서도 또다시 미세하게 나뉜다.

'가슴이 터질 것 같고 하늘로 날아갈 것만 같은' 벅찬 행복이 있는가 하면, '입꼬리가 슬며시 올라갈 정도의' 잔잔하고 소소한 행복도 있다. 반가움도 마찬가지이다. '당장 뛰어가서 품에 와락 안길 만큼' 반가운 마음도 있지만, 오랜만에 만나서 반갑긴 한데 막상 먼저 다가가서 아는 척하려니 어색하기도 하고 머뭇거려지는 '애매한 반가움'도 있다. 누구나 다 아는 '반갑다' '행복하다'라는 말만으로는 이러한 차이점과 그 맛을 제대로 살릴 수 없다. 이마저도 하지 않고 단순히 '좋았다'라고만 표현하는 것은 더욱 참담하다.

한 텔레비전 예능에서 김영하 작가는 자신이 대학교수로 재직하던 시절, 학생들에게 글을 쓸 때 '짜증 난다'라는 표현을 쓰지 못하게 했다고 말했다. 서운함, 당황스러움, 황당함 등 다양한 감정이 존재함에도 '짜증'이라는 한 단어로 이 모든 것들이 뭉뚱그려지기 때문이다.

시를 쓰는 우리 아이들도 마찬가지이다. 시의 가장 큰 목적은 자신의 감정과 정서를 표현하는 것이다. 우리의 감정은 이 세상에 존재하는 수많은 색깔보다도 훨씬 더 다채롭고 섬세하다. 그런데 우리는 일상생활 속에서 이러한 나의 감정을 알아차리지 못한 채 그냥 지나쳐버린다. 하지만 글을 쓸 때만큼은 달라야 한다. 무심코 흘려보냈던 나의 감정을 천천히 곱씹어보아야 한다. 뭉뚱그려졌던 나의 감정을 한 겹 한 겹 펼쳐볼 수 있어야 한다. 그리고 이를 나만의 언어로 한 자 한 자 섬세하게 써내려갈 수 있어야 한다.

내 감정의 주인은 바로 나

긍정적인 감정	부정적인 감정
사랑하다, 만족스럽다, 자랑스럽다, 부럽다, 신나다, 즐겁다, 힘 나다, 설레다, 놀라다, 자신만만하다, 귀엽다, 편안하다, 두근거리다, 반갑다, 안심되다, 행복하다, 감동하다, 감사하다, 기대되다, 뿌듯하다, 대단하다, 좋다, 기쁘다, 멋지다, 고맙다	긴장되다, 슬프다, 귀찮다, 후회스럽다, 불편하다, 부끄럽다, 허전하다, 아쉽다, 실망하다, 부담스럽다, 피곤하다, 화나다, 심심하다, 걱정되다, 쓸쓸하다, 속상하다, 억울하다, 싫다, 답답하다, 쑥스럽다, 밉다, 섭섭하다, 곤란하다, 찝찝하다, 우울하다

아이들에게 긍정적인 감정 25개와 부정적인 감정 25개를 제시해주었다. 그리고 이 50개의 감정들에 대한 '나만의 감정 사전'을 만들어보자고 했다. 각각의 감정들의 의미를 한 문장으로 나타내보는 것이다. 하지만 단순히 국어사전에 적혀 있는 사전적 정의를 베껴 써선 안 된다. 그 감정에 대해 남이 내려놓은 정의는 남의 감정일 뿐이다. 내 감정의 주인이 내가 되기 위해서는 내가 느낀 감정을 나만의 언어로 표현할 수 있어야 한다. 내가 그 감정을 느꼈던 상황을 적어도 좋고, 그 감정을 생각하면 떠오르는 느낌이나 생각을 적어도 좋다.

: 긍정적인 감정

'**사랑하다**'는 엄마가 나를 안아줄 때 느끼는 감정이다.
'**만족스럽다**'는 추석 용돈을 많이 받았을 때 느끼는 감정이다.
'**자랑스럽다**'는 나 자신이 좋아질 때 느끼는 감정이다.

'**부럽다**'는 친구가 내가 갖고 싶은 게임기를 자랑할 때 느끼는 감정이다.

'**신나다**'는 놀이공원에 갈 때 느끼는 감정이다.

'**즐겁다**'는 체육 시간에 새로운 걸 배울 때 느끼는 감정이다.

'**힘 나다**'는 가족이 나를 응원할 때 느끼는 감정이다.

'**설레다**'는 내가 좋아하는 음식을 먹기 1초 전 느끼는 감정이다.

'**놀라다**'는 친하게 지내던 길고양이가 사라졌을 때 느끼는 감정이다.

'**자신만만하다**'는 게임에서 이겼을 때 느끼는 감정이다.

'**귀엽다**'는 남동생이 웃고 있을 때 느끼는 감정이다.

'**편안하다**'는 보건실에 누워 있을 때 느끼는 감정이다.

'**두근거리다**'는 생일 전날 밤 침대에 누웠을 때 느끼는 감정이다.

'**반갑다**'는 수련회에서 우연히 유치원 친구를 만났을 때 느끼는 감정이다.

'**안심되다**'는 엄마가 집에 있을 때 느끼는 감정이다.

'**행복하다**'는 아빠표 간장 떡볶이를 먹을 때 느끼는 감정이다.

'**감동하다**'는 정성이 담긴 선물을 받을 때 느끼는 감정이다.

'**감사하다**'는 선생님이 내 실수를 이해해주실 때 느끼는 감정이다.

'**기대되다**'는 크리스마스를 기다릴 때 느끼는 감정이다.

'**뿌듯하다**'는 친구를 도와주고 칭찬을 받았을 때 느끼는 감정이다.

'**대단하다**'는 '저 사람을 닮고 싶다'는 생각이 들 때 느끼는 감정이다.

'**좋다**'는 내가 고민하고 있을 때 친구가 좋은 의견을 내줄 때 느끼는 감정이다.

'**기쁘다**'는 내가 갖고 싶은 선물을 받았을 때 느끼는 감정이다.

'**멋지다**'는 내가 좋아하는 아이돌 컴백 무대 볼 때 느끼는 감정이다.

'**고맙다**'는 친구들이 내 이야기를 경청해줄 때 느끼는 감정이다.

: 부정적인 감정

'**긴장되다**'는 다음 순서에 발표를 할 때 느끼는 감정이다.

'**슬프다**'는 장기 자랑에서 실수를 했을 때 느끼는 감정이다.

'**귀찮다**'는 침대에서 일어날 때 느끼는 감정이다.

'**후회스럽다**'는 친구랑 싸우고 집에 왔을 때 느끼는 감정이다.

'**불편하다**'는 혼자 있고 싶은데 동생이 왔을 때 느끼는 감정이다.

'**부끄럽다**'는 학교에서 방귀를 뀌었을 때 느끼는 감정이다.

'**허전하다**'는 맨날 같이 다니던 친구가 없을 때 느끼는 감정이다.

'**아쉽다**'는 졸업하고 우리 반을 떠날 때 느끼는 감정이다.

'**실망하다**'는 급식 당번이 맛있는 거 조금 줄 때 느끼는 감정이다.

'**부담스럽다**'는 친구가 나를 반장 선거에 추천했을 때 느끼는 감정이다.

'**피곤하다**'는 친구들이랑 놀다가 밤늦게 집에 왔을 때 느끼는 감정이다.

'**화나다**'는 게임하고 있는데 친구가 컴퓨터 전원을 끌 때 느끼는 감정이다.

'**심심하다**'는 학원 가기 전에 놀 친구가 없을 때 느끼는 감정이다.

'**걱정되다**'는 가족이 전화를 안 받을 때 느끼는 감정이다.

'**쓸쓸하다**'는 친구들이 나만 모르는 이야기를 할 때 느끼는 감정이다.

'**속상하다**'는 엄마가 내 마음을 몰라줄 때 느끼는 감정이다.

'**억울하다**'는 내가 하지 않은 일을 내가 했다고 오해받을 때 느끼는 감정이다.

'**싫다**'는 벌레가 방에 들어왔을 때 느끼는 감정이다.

'**답답하다**'는 내가 하면 더 잘하겠다 싶을 때 느끼는 감정이다.

'**쑥스럽다**'는 칭찬받을 때 느끼는 감정이다.

'**밉다**'는 친구가 나를 배신했을 때 느끼는 감정이다.

'**섭섭하다**'는 엄마가 아빠 좋아하는 음식만 해줄 때 느끼는 감정이다.
'**곤란하다**'는 할아버지가 맛있는 거 사 먹으라고 자꾸 용돈 주실 때 느끼는 감정이다.
'**찝찝하다**'는 학교에 왔는데 '고데기 끄고 왔나?'라는 생각이 들 때 느끼는 감정이다.
'**우울하다**'는 텅 빈 집에 혼자 누워 있을 때 느끼는 감정이다.

감정들이 국어사전 속 딱딱한 정의에서 벗어나 생동감을 얻게 되었다. 이처럼 감정이란 멀리 있는 것이 아니다. 우리 생활 속 어디에서든 발견할 수 있다. 우리가 살아가며 느껴보지 못한 감정은 없다. 깨닫지 못한 감정만 있을 뿐이다.

'나만의 감정 사전'을 완성했다면 이를 친구들과 공유하는 시간을 보낸다. 서로의 감정 사전을 바꿔 읽어보거나, 퀴즈처럼 서로 문제를 내고 맞혀봐도 좋다. 내가 적은 감정의 뜻을 말해주면 친구가 그게 어떤 감정인지 유추해보는 식이다. 하지만 두 가지 모두 주의할 점이 있다. 이 과정을 통해 그 감정이 '맞다 틀리다'를 판단하고자 하는 것이 아니라는 점이다. 서로의 감정 사전을 공유하는 과정을 통해 이루고자 하는 교육적 효과는 다음과 같다.

먼저 동일한 상황이라고 할지라도 사람마다 그 상황에 대해 느끼는 감정이 다를 수 있다는 점을 아는 것이다. 한 학생은 집에 갔을 때 언니가 없으면 '허전하다'라고 느끼지만, 다른 학생은 '좋다' '편하다'고 느끼기도 한다. 어떤 학생은 친구가 반장 선거에서 자신을 추천해줄 때 '부담스럽다'고 느끼지만, 어떤 학생은 '고맙다'거나 '놀랍다'고 느끼기도 한다. 이처럼 같은 상황에 놓여 있다 할지라도 그 사람의 가치관이나 경험 등에 따라 느끼는 감정은 달라질 수 있다.

비슷한 맥락에서 하나의 상황에 한 가지의 감정만 드는 것은 아니라는 것도 알 수 있다. 지금은 감정 사전을 만들기 위해 감정과 상황을 일대일로 대응시켰지만, 실제로는 하나의 상황에 여러 가지 감정이 복합적으로 나타나기도 한다. 예를 들어 게임하고 있는데 친구가 컴퓨터 전원을 끈다면 화가 나기도 하지만, 못다 한 게임이 마음에 걸려서 찝찝하기도 하고, 친구가 밉고 섭섭한 마음도 들 것이다.

이처럼 감정이라는 것은 정해진 정답이 없다. 어떠한 상황 속에서 내가 그 감정을 느꼈다면 그것이 정답이다. 옳은 감정도 없고 틀린 감정도 없다. 내 감정의 주인은 '나'이기 때문이다. 따라서 다른 사람이 그 감정에 대해 평가할 권리도 없다. 그러므로 교사는 아이들이 예외적이거나 일반적이지 않은 반응을 나타낸다고 할지라도 이를 특정한 감정으로 유도하지 말아야 한다. 아이의 마음이 그렇게 느꼈다면 거기에는 그만한 충분한 이유가 있을 것이다. 아이의 감정을 바꾸려고 하는 대신, 왜 그런 감정을 느꼈는지를 들어주자.

감정에 이름 붙이기

하정우, 공효진 주연의 영화 〈러브픽션〉에는 연인에게 '사랑해'라고 말하는 남자의 모습이 등장한다. 그런데 그 말을 들은 여자는 '모든 여자들이 다 좋아하는 말'인 사랑해 대신 '나만 알아들을 수 있는 말'을 해달라고 요청한다. 한참을 고민하던 남자는 옆에 놓여 있던 방울토마토를 보고 '나는 너를 방울방울해'라는 말을 떠올린다. 이처럼 우리도 내가 느낀 나의 감정을 '모든 사람들이 다 할 수 있는 말' 대신 '나만 할 수 있는 말'로 바꾸어 표현해보고자 한다. 나의 감정에 나만의 이름을 붙여보는 것이다. '사랑해'라는 말 대신 '방울방울해'라고 표현한 것처럼 말이다.

먼저, 최근에 내가 겪은 상황을 한 가지 떠올린다. 그리고 그때 내가 느꼈던 감정들을 생각해본다. 하지만 롤러코스터를 탔을 때 '긴장된다' '떨린다' '무섭다'라고는 누구나 말할 수 있다. 그때 느꼈던 나의 감정을 나만의 표현으로 새롭게 나타내보자.

이를 위해서는 두 가지 방법을 사용해볼 수 있다. 먼저 그 감정을 느꼈을 때의 신체 변화를 활용하는 것이다. 우리는 평소 화가 났다는 말 대신 '눈썹을 치켜올렸다'라고 이야기한다. 놀랐을 때 '눈이 동그래졌다'라고 하기도 하고, 감동받았을 때는 '코끝이 찡해졌다'라고 말하기도 한다. 이처럼 그 감정을 느낄 때 나타나는 신체의 변화를 감지하고, 이를 바탕으로 나만의 표현을 만들어볼 수 있다.

두 번째로는 비유하는 표현을 활용하는 것이다. 절망스러울 때 '하늘이 무너질 것 같다'고 말하거나, 신날 때 '하늘로 날아갈 것 같다'라고 말하는 것이 그 예로, 속담과 같은 관용 표현에도 자주 등장하는 방법이다. 이처럼 그 감정이 들 때 느껴지는 기분이나 느낌을 비유하는 표현을 활용해 나타내본다.

이때 주의할 점이 있다. 나만의 표현을 만들되, 그것을 읽는 독자들 역시 그 감정을 충분히 이해하고 공감할 수 있어야 한다는 것이다. 문학에서의 주관성이란 아무런 한계 없이 자기 마음대로 표현하고 해석하라는 의미가 아니다. 표현과 해석의 자유를 보장하되, 문학을 향유하는 문학 공동체 내에서 수용 가능한 범위 안에서 이루어져야 한다. 그러기 위해서는 나의 표현과 해석에 대한 타당한 근거가 있어야 한다. 그러므로 감정을 나타내는 나만의 표현을 자신이 느낀 감정과 아무런 연관성 없이 무맥락적으로 만드는 아이들에게는 이 점을 환기해줄 필요가 있다. 자신만의 독창성을 가지면서도 읽는 이로 하여금 공감을 이끌어내야 하는 것이다.

상황	친구랑 싸웠을 때
감정	억울하다, 속상하다, 밉다, 싫다, 후회된다
나만의 표현	우리 사이에 먹구름이 꼈다.

상황	pc방 옆자리에 커플이 앉았을 때
감정	오글거린다
나만의 표현	개미가 내 몸을 간지럽히는 것 같다.

상황	롤러코스터 탈 때
감정	긴장된다, 떨린다, 무섭다, 후회된다
나만의 표현	심장에 지진이 난 것 같다.

상황	동생 숙제 도와줄 때
감정	답답하다
나만의 표현	닭가슴살에 계란 노른자를 얹어 먹은 것 같다.

내가 느낀 감정을 시로 표현하기

지금까지 떠올렸던 여러 상황과 감정 중에서 한 가지를 골라 시로 표현해본다. 그 감정을 나타내는 나만의 표현도 적절히 사용하여 그때 내가 느꼈던 감정을 더욱 생생하게 나타내보자. 다음은 학생들이 내가 느낀 감정을 시로 표현한 예시이다.

「밥」

이서연

달그락달그락
엄마가 정성스럽게 밥을 지으신다

따뜻하고 보슬보슬한
엄마의 밥

한 입 먹으니

내 마음도 보슬보슬해진다

「답답」

　　　　　전민규

친구랑 게임을 했다

항상 혼자 할 땐 잘되던 게임

그 친구랑 같은 팀만 하면 계속 진다

친구 실수로 또 깎인 점수

왠지 국물 없이 밥만 계속 먹은 것 같다

「꽈배기」

　　　　　최준영

나는 모르는 사람을 보면

눈도 못 마주치고

몸을 배배 꼰다

> 내 마음도 같이 배배 꼬인다
> 내가 꽈배기가 된다

    학생 작품 「밥」과 「답답」을 보면 같은 '밥'이더라도 국물 없이 밥만 먹을 때의 느낌과 따뜻하고 보슬보슬한 엄마 밥을 한입 가득 입에 넣을 때의 느낌은 전혀 다르다. 이 차이는 '답답하다', '포근하고 따뜻하다'라는 전혀 다른 감정을 이끌어낸다.

    이처럼 시를 쓸 때에는 단어 하나, 조사 하나에도 달라지는 미세한 차이에 예민해질 수 있어야 한다. 그 작은 차이로 인해 독자에게 전달되는 느낌이 확연히 달라지기 때문이다. 나의 감정에 섬세하게 반응하기, 그리고 이를 더욱 섬세한 언어로 표현하기. 이는 서정문학의 대표 주자인 시의 가장 중요한 출발점이기도 하다.

2부

시와 친해지기

지금까지 시가 무엇인지에 대해 살펴보았습니다. 아이들의 반응이 어땠나요? 막상 시가 어떤 존재인지를 알고 나니 시에 대한 막연한 두려움이 줄어들었을 것입니다. 하지만 시를 좋아하는 것은 또 다른 문제입니다. 어떻게 하면 아이들이 시에 재미를 느끼고 시 쓰기와 친해지도록 할 수 있을까요? 2부에서는 아이들을 시의 세계로 끌어들이기 위한 몇 가지 매력적인 유인책을 소개합니다.

1장에서는 '세로 시'라는 새로운 형태의 시를 제시하여 아이들에게 신선한 충격과 함께 시에 재미와 즐거움을 느끼게 하고 시에 대한 인식을 긍정적으로 바꾸어줍니다.

2장에는 패러디를 통해 시 쓰기에 대한 진입 장벽을 낮춰주면서도 창작의 즐거움을 충분히 느끼도록 해줍니다. 또한 '좋은 시란 무엇인가'를 어렵고 복잡하게 설명하는 대신 좋은 시를 직접 따라 써보는 과정을 통해 이를 자연스럽게 습득하도록 합니다.

3장에서는 아이들이 좋아하는 협동 학습을 활용해 친구들과 함께 한 편의 시를 써 봅니다. 시 쓰기에 자신감이 없는 아이들도 이를 통해 내가 한 편의 시를 완성했다는 성취감과 즐거움을 경험하게 되고, 이는 향후 시 쓰기를 향한 동기부여가 되어줍니다.

4장과 5장에서는 본격적인 시 쓰기에 앞서 날씨와 계절, 우리 가족처럼 아이들이 일상생활에서 쉽게 접할 수 있고, 쉽게 쓸 수 있는 간단한 주제들로 시 쓰기의 첫발을 내딛어봅니다.

자, 이제 우리 아이들을 시 쓰기의 매력 속으로 풍덩 빠지게 해볼까요?

1
세로 시 쓰기

"오늘은 시를 써볼 거예요."

말이 끝나기 무섭게 아이들의 좋지 않은 반응이 쏟아진다.

"시 쓰기 재미없어요. 시 쓰는 거 어려워요."

어른들도 시 쓰기가 쉽지 않은데 아이들은 얼마나 더 힘들까. 하지만 아이들이 시를 싫어하는 건 '시 쓰기가 어렵다'라는 객관적인 사실보다 '시는 재미없고 지루하다'라는 주관적인 인식이 더 크게 작용하는 것 같다. 이런 심리적 거부감이 해결되지 않은 채로는 진정한 시 쓰기를 시작할 수 없다. 시를 싫어하는 아이들에게 시의 운율이며, 비유하는 표현에 대해 가르친들 무슨 의미가 있을까. 그런 아이들이 시 쓰는 방법만 익혀서 시를 쓰는 건, AI가 기계적으로 글을 쓰는 것과 무엇이 다른가.

우리의 목표는 아이들이 교과서에 실린 시처럼 완성도 높은 시를 쓰도록 하는 것이 아니다. 아이들이 진정으로 시를 즐기고, 자신의 감정을 시로 자유롭게 표현할 수 있도록 하는 것이다.

시 속에 숨겨진 비밀

「엄마한테는 비밀」

김지호

공부는 참 재미있다
부모님 말씀처럼 언제나 유익하다
하면 할수록 더 좋아지는 공부
기막힌 지식들을 배우는데
싫증 날 수 있을까?
어서 또 공부하고 싶다

아이들과 시 쓰기를 시작할 때 나는 항상 이 시를 함께 읽는다. "선생님, 이건 현실에서 불가능해요! 어떻게 공부가 재미있을 수 있어요?" 아이들의 항의가 거세다. "왜? 나는 공부하는 거 좋은데?" 그 와중에 소신 발언을 하는 아이도 등장한다. "말도 안 돼!" "어떻게 그럴 수가 있어?" 아이들의 반응이 뜨겁다.

그런데 아이들이 미처 알아차리지 못한 한 가지가 있다. 이 시의 제목은 왜 '엄마한테는 비밀'일까? "그러게요? 공부가 좋다는 게 왜 엄마한테 비밀이지?" "오히려 엄마가 좋아하지 않나?" 왁자지껄하게 떠들던 아이들

사이로 잠깐 침묵이 흐른다. 고민하던 아이들이 "시험을 망쳤는데 공부가 재미있다고 하면 부끄러워서요?" "혹시 엄마가 pc방 사장님?" 하고 저마다의 생각을 펼쳐낸다. 그때 교사가 한마디 덧붙인다. "힌트는 세로!" 그러자 "아!" 하는 탄성과 함께 아이들이 앞다투어 자기가 발견한 것을 말한다. "세로로 읽으니까 '공부하기 싫어'예요!"

그렇다. 이 시에는 비밀이 숨겨져 있다. 겉으로 보기에는 공부하는 게 참 재미있고 즐겁다는 내용이다. 하지만 이 시의 앞 글자만 따서 세로로 읽으면 '공부하기 싫어'라는, 엄마한테 들키면 안 되는 나의 진심이 드러난다. 그래서 시 제목도 '엄마한테는 비밀'인 것이다.

"뭐야, 뭐야?" 아직 발견하지 못한 아이들은 여전히 어리둥절하다. "아니, 저기 있잖아!" 이미 비밀을 알아차린 아이들이 손가락을 뻗어가며 설명해준다. "아 맞네!" 까르르, 아이들의 웃음이 터진다.

우리도 한번 써볼까?

이 좋은 분위기를 놓치지 말아야 한다.
"얘들아, 우리도 이 시처럼 '세로 시'를 한번 써볼까?"
"네 좋아요!"
웬일로 아이들이 선뜻 시를 써보겠다고 한다. 말이 끝나기도 전에 벌써 적기 시작한 아이도 있다. '나는 세로줄에 어떤 메시지를 숨기지?' 아이들의 즐거운 고민이 이어진다.

이번에는 시의 구조나 표현 같은 이론적인 것에 대해서 일절 설명하지 않는다. 목표는 딱 하나. 시를 쓰되 '세로줄에 비밀 메시지를 숨겨놓는 것', 그것이 전부다. 다음은 학생들이 쓴 세로 시 예시이다.

「민트 초코 왜 먹어?」

이온유

민트 초코를 왜 먹어?
트집 잡을 게 너무 많아!
초코 맛은 조금 나고
코가 찡한 맛이야
좋아하는 사람들이 이해가 안 돼!
아빠 민트 초코 사 오지 말라고!

「사랑하는 내 동생」

김가빈

동생이 너무 좋아
생각만큼은 다 동생뿐
은보다 귀한 내 동생

짜장면 먹는 모습도 사랑스러운 내 동생

증말 깜찍하다

나의 심장이 멎게 할 수 있는 귀여운 내 동생

「재미있는 피파」

전민규

심판이 아주아주 좋은 게임

판마다 휘슬이 울리는 게임

망해가는 판을 살려주는 골

한 판 할 때마다 재미있는 게임

겜이 아주아주 쉽다

「친구」

이서연

심심할 때 전화 오는 친구

심심해서 놀아달라는 친구 귀찮다

하도 이야기해서 한번 놀아줬다

다시는 안 놀아줘야지

같이 놀자고 하면 내 마음대로 해야겠다

이제는 진짜 안 놀 거다

놀이터에서 노는 것도 귀찮다

자! 이제 난 집에 간다!

위 작품들은 앞서 살펴본 「엄마한테는 비밀」처럼 세로줄에 숨겨놓은 메시지와 시의 내용이 서로 반전된다. 하지만 아래 작품처럼 시의 내용과 세로줄에 숨겨놓은 메시지가 서로 관련되거나 일치해도 전혀 문제없다.

「제목」

최다은

시를 써야 하는데 쓸 내용이 너무 많이 생각난다

제목도 생각에 따라 왔다 갔다 한다

목도 이제 좀 뻐근하다

뭐라도 해야 하는데 생각 정리가 잘 안 된다

하지만 여러 가지 생각 중에 골라야 한다

지인짜 피곤하다

세로 메시지에 맞춰 시를 쓰다 보면 맞춤법이 틀린 표현(정말 → 증말, 진짜 → 지인짜)을 사용하는 경우가 있다. 이런 부분은 시의 커다란 결점으로 작용하지 않기 때문에 시적 허용으로 받아들인다.

「우유에서 나온 가루」

최민환

우유 먹다 나온
주황색 카레 가루
는 아닌 것 같고

신라면에 있는 라면 스프인가? 고
기 냄새가 나는데? 표정이
해맑아진다

위 작품에서는 '카레 가루/는' '고/기 냄새'처럼 한 단어나 같은 의미 구절 안에서 행이 나누어져 있다. 행과 연의 구분은 시의 가장 중요한 형식이다. 따라서 이 부분은 처음부터 바로잡아줄 필요가 있다. 앞서 말했듯 오늘의 목표가 '시에 흥미 가지기'였기에 이러한 오류를 모두 허용하기도 했지만, 이 기억이 굳어져 이후 다른 시를 쓸 때도 행을 아무렇게나 나누는 학생들이 꽤 많이 보였다. 그러므로 아이들이 한 단어나 의미 구절 안에서 행을 나누지 않게끔 지도해야 한다.

시도 생각보다 재밌네?

아이들이 쓴 세로 시를 교실에 전시하고 함께 감상해본다. '친구들은 어떤 비밀 메시지를 숨겨놓았을까?' 궁금해하며 교실 여기저기를 돌아다닌다. "선생님 이것 좀 보세요!" 한 학생이 친구의 작품을 향해 나를 끌어당긴다. "야 이것 좀 봐!" 소리 지른 아이가 가리킨 작품을 향해 아이들이 우르르 달려가기도 한다. '재밌다!'라는 감정이 새어 나온다.

작품 감상이 끝난 후 아이들과 오늘 수업의 소감을 나눠본다. 시에 대한 생각이 어떻게 바뀌었는지 물어본다. '생각했던 것보다는 재미있고 즐거웠다'는 반응이 자연스럽게 나온다. '이렇게 시를 쓸 수 있다니 신기했다'는 아이들도 있다.

몽글몽글 피어오르는 아이들의 감정에 교사가 한 가지만 덧붙여주자. 시는 절대 어려운 것이 아니라는 것을. 글에 내 생각이나 감정, 그리고 느낌을 솔직하게 담으면 그게 '시'가 된다. 공부하기 싫은 마음을 몰래 세로줄에 숨겨서 전달한 것처럼 말이다. 그런 의미에서 오늘 아이들이 쓴 것도 모두 다 훌륭한 '시'다. 모두가 세로 첫 글자를 통해 저마다의 메시지를 담아내고 있기 때문이다.

시를 쓰기 위해 멋있는 말이나 예쁜 표현을 찾으려고 머리 아프게 고민할 필요 없다. 시의 핵심은 '내 마음'을 표현하는 것이고, 시인은 이를 독자에게 효과적으로 전달하기 위한 방법을 고심해야 하는 것이다. 진심이 담긴 모든 시는 아름답다.

"오늘 배운 세로 시 말고 내 마음을 전달할 수 있는 또 다른 좋은 방법이 있을까? 그걸 고민하는 게 바로 '시인'이 하는 일이고, 우리가 앞으로 같이 해볼 것이란다."

이런 것도 시가 된다고?

추가 활동으로 교사는 재미있는 시 몇 편을 더 소개한다. 신민규의 「오줌 마렵다」(『Z교시』, 문학동네, 2017), 문현식의 「캔 콜라」(『팝콘 교실』, 창비, 2015), 임미성의 「위층 아줌마」(『달려라, 택배 트럭!』, 문학동네, 2018) 등을 학생들과 낭송해봐도 좋다. 교과서에 실린 시만 보던 아이들에게는 신선한 충격일 것이다.

"선생님, 정말 이런 것도 시로 써도 돼요?"

"그럼, 당연하지!"

소개한 시 외에 직접 선별한 다양한 시를 아이들에게 소개해도 좋다. 학교 도서관에도 재미있는 동시집들이 참 많다. 한번 직접 가서 읽어보길 추천한다. 교사가 발품을 파는 만큼, 시를 보는 아이들의 시야가 넓어질 것이다.

시를 고를 때에는 아이들의 일상생활과 관련된 내용이고, 읽는 이로

하여금 공감이나 웃음, 때로는 감동을 자아내며, 재치 있고 유쾌한 것이 좋다. 형식적으로는 행과 연을 잘 구분해놓은 시를 선택해야 한다. 지나치게 관념적이거나 감상적인 시, 그리고 산문시와 같이 시의 기본 형식에서 벗어난 시 들은 시 쓰기를 처음 시작하는 아이들에게 적절하지 않다. 앞서 제시한 유형의 시에 아이들이 친숙해지고, 익숙하게 쓸 수 있도록 충분한 시간을 주자. 새로운 유형의 시들은 그 후에 하나씩 시도해도 늦지 않다. 어느 정도 시 쓰기에 적응한 아이들은 그런 새로운 내용과 형식의 시를 통해 좋은 자극을 받을 것이다. 그러니 한 번에 모든 걸 알려주겠다는 욕심을 버리고 차근차근 하나씩 시도해보자.

2
패러디 시 쓰기

처음 두발자전거 타던 때를 떠올려보자. 우리는 자전거를 어떻게 배웠던가?

시험공부하듯이 '자전거 타는 법'이라는 책을 밑줄 치며 읽고, 달달 외워서 자전거를 배운 사람은 아마도 없을 것이다. 자전거를 처음 시도할 때면 어찌 됐든 일단 자전거에 올라타본다. 수없이 넘어지고 휘청거린다. 뒤에서 보다 못한 부모님이 이렇게 저렇게 해보라고 소리친다. 하지만 도통 이해가 되지 않는다. 수십 수백 번 더 넘어지고 일어서기를 반복한다. 그러다 갑자기 '어?' 하는 기분이 든다. 어느 순간 균형이 잡히더니 자전거가 곧게 앞으로 나아간다. 뭐라 설명할 수는 없지만 어느덧 몸이 자전거 타는 원리를 터득하게 되었다.

시도 마찬가지다. 좋은 시란 무엇일까? 좋은 시를 쓰기 위해서는 어떻게 해야 할까?

'비유, 운율, 시상, 행과 연…….' 시와 관련된 몇 가지 단어들이 머릿속에 스쳐 지나간다. 하지만 선뜻 입이 떨어지지 않는다. 특히 시를 처음 접하는 아이들에게, 뭐부터 어떻게 설명해야 하나 막막하기만 하다.

시 쓰기도 자전거 타기와 같다. 부모님이 자전거 뒤에서 아무리 소리치며 설명해도 정작 나는 무슨 말인지 이해가 되지 않았다. 부모님도 마찬가지였을 것이다. 이걸 어디부터 어떻게 설명해줘야 할지 답답하셨을 것이다. 직접 경험해봐야 알게 되는 것이 있으니까 말이다.

시도 그렇다. 교사가 아무리 좋은 시가 무엇인지에 관해 구구절절 설명해줘도 아이들에게는 잘 와닿지 않는다. 사실, 좋은 시를 정의하는 것 자체도 모호하다.

답은 시 속에 있다. 자전거를 타기 위해서는 자전거에서 수없이 넘어져봐야 하듯, 좋은 시를 쓰기 위해서는 시 속에서 수없이 뒹굴어봐야 한다. 그런 과정을 통해 시가 무엇인지, 좋은 시란 어떤 시인지를 자연스럽게 터득해야 한다. 자전거를 탈 때처럼 말이다.

매주 수요일은 시(詩)요일

시를 쓰기 전 반드시 선행되어야 할 단계가 있다. 바로 좋은 시를 많이 읽는 것이다.

우리 반은 매주 수요일을 '시요일'로 지정했다. 따라서 수요일 아침 독서 시간에는 동시집을 읽는다. 동시집을 읽다가 마음에 드는 시를 발견하면 '시 공책'에 옮겨 적는다. 그런 뒤 공책 하단에 간단한 내 느낌과 감상을 기록한다.

　시를 필사하는 과정은 매우 중요하다. 단순히 눈으로만 읽고 넘어가는 것은 기억에 오래 남지 않는다. 한 자 한 자 정성 들여 따라 쓰는 과정을 통해 시에 사용된 단어나 표현, 그리고 시의 형식과 구조를 내 손으로 직접 확인해볼 수 있다. 시인이 이 시를 썼던 과정을 간접적으로나마 체험해보는 것이다.

　동시집에는 자신이 선택한 시에 이 시를 추천하는 이유를 적은 포스트잇을 붙여놓는다. 다음번에 그 책을 읽은 친구는 자신이 인상 깊었던 시에 또 포스트잇을 붙인다. 같은 시를 선택하기도 하고, 다른 시를 선택하기도 한다. 같은 시여도 추천하는 이유가 다르기도 하다. 친구와 나의 선택을 견주어보는 것도 재미있고, 이유를 비교해보는 것도 흥미롭다.

　이처럼 시 창작은 시 감상에서 출발해야 한다. 아이들이 읽은 시들이 눈에 보이지 않는 창작의 밑거름이 되어줄 것이다. 게임을 많이 할수록 경험치가 쌓이듯이, 시를 읽고 따라 쓰는 과정을 통해 우리 아이들의 '시 경험치'를 쌓아줘야 한다. 아이들의 시는 이로부터 나온다.

시 바꿔 쓰기

　시 읽기를 충분히 하였다면 이제 좀 더 적극적으로 접근할 필요가 있다. 이때 시 감상과 시 창작, 둘 사이 중간 다리 역할을 해줄 수 있는 활동이 바로 '패러디하기'이다.

패러디란 원작을 자신만의 시선으로 해석하여 재창조하는 것을 말한다. 이는 단순히 베끼는 것과 다르다. 패러디는 원작을 기반으로 하되, 거기에 자기 생각이나 의견을 덧붙여 자신만의 것으로 새롭게 만들어내는 것이다.

패러디 활동을 처음 할 때는 원작의 형식을 분석하는 것을 어려워할 수도 있다. 따라서 아래와 같이 틀을 제공해주는 것도 좋은 방법이다.

: **정완영, 「풀잎과 바람」 바꿔 쓰기 틀**

나는 _____ 좋아, _____ 같은 친구 좋아.
(   ) _____ 처럼
(   ) 친구 좋아.

나는 _____ 좋아, _____ 같은 친구 좋아.
(   ) _____ 처럼
(   ) 친구 좋아.

틀을 사용하는 데 익숙해지면, 틀 없이 패러디하여 표현하는 연습을 한다. 동시집을 읽으며 마음에 드는 시를 찾고, 이를 자신만의 시선으로 바꾸어본다. 다음은 권오삼의 「세상에서 제일 예쁜 꽃」(『라면 맛있게 먹

는 법』, 문학동네, 2016), 남호석의 「버려진 자동차」(『타임 캡슐 속의 필통』, 창비, 2017), 권오삼의 「하늘 집」(『진짜랑 깨』, 창비, 2011)을 원작으로 두고 쓴 학생들의 패러디 시 예시이다.

「세상에서 제일 그리운 꽃」

김가빈

오늘
우리 집에
세상에서 제일 그리운
할미꽃이 피었다

왜
세상에서 제일 그리운
할미꽃이냐 하면
그리운 우리 할머니를
닮았기 때문이다

이유는 그뿐이다

「버려진 꽃 한 송이」

　　　　　　　김대현

우리 동네 끄트머리

공원에 꽃 한 송이

꽃잎 떨어진 채로 주저앉아

무엇을 생각할까

활짝 피는 꿈을 다시 꿀까

비바람 맞고

지나가는 동네 아이에게 밟혀

줄기 꺾여서 가슴이 찢어진

꽃 한 송이

누가 키우다 이곳에 버렸을까

「하늘나라」

　　　　　　　전민규

날씨가 맑고 따뜻하니

할아버지도 놀러 왔다 가셨나?

> 할아버지 없는 텅 빈 우리 집
>
> 할아버지 옷도 할아버지 라디오도 없어
> 할아버지 옷장도 방도 없는 넓어진 우리 집
>
> 몰래
> 할아버지가 잠깐 살펴보고 가셨다

패러디의 효과

패러디를 활용하면 아이들의 흥미를 유발하여 창작 활동에 좀 더 쉽게 다가갈 수 있다. 창작에 대한 부담감은 낮추면서 창작의 즐거움은 극대화할 수 있는 것이다.

또한 기성 시를 패러디하면서 시에 사용된 표현과 형식 등을 자연스럽게 습득할 수 있다. 초등 교육에서 창작 교육의 목적은 전문적인 시인을 양성하는 것이 아니다. '2022 개정 국어과 교육과정' 문학 영역의 핵심 아이디어에서 찾아볼 수 있듯이, 문학에서 즐거움과 깨달음을 느끼며 문학을 통해 타자와 소통하는 데에 그 목적이 있다. 따라서 좋은 시란 무엇인가에 대한 원론적인 접근보다는 패러디를 활용해 문학의 즐거움을 향유하고 그 특성을 익히는 데 초점을 두어야 한다.

다른 영역으로 확장하기

시를 패러디하는 것에서 더 나아가 다른 예술 영역으로 확장해볼 수도 있다. 소설, 동화, 영화, 음악, 미술 작품 등 시가 아닌 다른 장르의 예술 작품을 시로 바꿔보는 것이다. 그런데 이렇게 패러디의 대상이 시에서 타 예술 작품으로 바뀔 경우, 패러디 활동을 통해 얻을 수 있는 교육적 효과도 달라진다.

시를 쓸 때 아이들이 어려움에 봉착하는 부분은 크게 둘 중 하나이다. 바로 '형식'과 '내용'이다. 쓸거리는 있는데 자신이 떠올린 내용을 어떻게 시의 형식과 구조에 맞춰 표현해야 할지 모르겠다는 아이가 있는 반면에, 시의 형식과 구조는 잘 알고 있지만 무엇을 써야 할지 도통 떠오르지 않는다는 아이도 있다. 따라서 교사는 단순히 '못 쓰겠어요'라고 호소하는 아이들이 저마다 어떤 부분에서 어떤 어려움을 겪고 있는지 정확히 파악하고, 그 원인에 맞는 맞춤형 처방을 내려줘야 한다.

시 → 시	다른 예술 작품 → 시
기존 작품을 분석한 뒤 나만의 시선을 더해 새로운 작품으로 만들어내기	
시의 구조 및 형식을 그대로 차용	장르 변경
내용 바꾸기	작품이 가진 내용을 기반으로 자신의 감상이나 상상 추가하기
시의 구조 및 표현을 학습하는 데 도움이 됨	발상 및 내용 구성 단계에 도움이 됨

먼저, 시의 형식적인 측면에서 어려움을 겪는 아이들의 경우 패러디의 소재를 시로만 하는 것이 좋다. 왜냐하면 이미 시의 구조와 형식을 잘 갖추고 있는 기존 시의 틀 속에 아이디어를 담아내기만 하면 되기 때문이다. 이를 통해 아이들은 시의 형식에 대한 인지적 부담에서 벗어나 자신의 생각과 감정을 좀 더 쉽게 꺼내놓을 수 있다. 잘 짜인 시를 여러 번 따라 쓰는 과정에서 시의 형식에 대한 학습도 자연스레 이루어진다. 주로 시 쓰기를 처음 시작하는 초기 학습자가 이러한 어려움을 겪는 경우가 많기 때문에 시를 대상으로 하는 패러디부터 시작하는 것이 효과적이다.

어느 정도 시의 구조 및 형식에 대한 학습이 이루어진 후에는 반복적인 시 쓰기에 권태감을 느끼거나 더 이상 쓸 게 없다며 발상 및 내용 구성에 어려움을 겪는 아이들이 나타난다. 소재의 참신함이 점점 사라지고 비슷한 내용만 반복적으로 쓰는 모습을 보인다. 이런 아이들에게는 내용적인 측면에서 새롭고 신선한 자극을 제공해줄 필요가 있다. 이를 위해 시뿐만 아니라 다른 예술 작품으로까지 패러디의 영역을 확장해보자.

그림, 음악, 영화, 소설 등의 예술 작품들 역시 표현 방식의 차이만 있을 뿐 그 속에 작가의 생각과 느낌을 담고 있다는 점에서 공통점을 띤다. 따라서 아이들이 자신의 내면이나 경험만으로는 쓸거리를 찾는 것에 한계를 느낄 때 다양한 예술 작품 속에 담긴 타인의 생각과 경험의 도움을 받을 수 있다. 평소 재밌게 보았던 영화나 책, 그림 등을 소재로 삼아 그것의 내용을 시로 바꿔본다. 그러면 내용에 대한 부담 없이 시의 형식에 맞춰 한 편의 시를 완성할 수 있다.

하지만 다른 예술 작품을 패러디하는 활동의 본질에 도달하기 위해서는 단순히 작품 속 내용만 가지고 시를 쓰는 것에서 한 걸음 더 나아가야 한다. 작품을 보고 든 나의 생각이나 감정을 함께 덧붙이거나, 원작 내용에 대한 언급 없이 스스로의 감상이나 상상 자체만으로 한 편의 시를 완성해보는 것이다. 예를 들어 평화롭고 잔잔한 강의 모습이 담긴 모네의 「지베르니 부근의 센 강변」이라는 그림을 보고 어쩐지 저 강에 숨겨진 무서운 비밀이 있을 것 같다는 느낌이 들 수 있다. 한스 볼롱기어의 「꽃 그림」을 보고서는 꽃이 마치 우리들의 인생을 닮았다는 생각이 들 수도 있다.

이렇게 예술 작품을 통해 나의 내면에 일어난 새로운 생각과 감정을 포착해내고 이를 시로 표현했을 때의 효과는 굉장하다. '뭐 쓰지' 하고 혼자 속으로 골머리를 앓았을 때는 생각지 못했던 것들로 나의 생각과 감정이 확장되는 것은 물론 시의 내용 또한 훨씬 더 풍부하고 다채로워진다. 시작은 타인의 이야기였지만 끝은 나의 이야기가 된 것이다. 이처럼 다른 예술 영역의 작품을 패러디하는 활동은 기존의 예술 작품의 내용을 얼마나 충실하게 옮겨 적었냐가 목적이 아니다. 핵심은 다른 여러 예술 작품들을 통해 나 혼자만의 힘으로는 미처 떠올리지 못했던 새로운 생각과 감정을 끌어내는 것이다.

따라서 수업의 목표 및 방향성에 따라 패러디의 소재를 적절하게 선택해야 한다. 추천하는 방법은 시를 패러디하는 것부터 여러 번 반복하며 시의 구조 및 표현을 충분히 학습하는 것이다. 내 생각을 시로 표현하는 것에 익숙해지면 그 후 다른 예술 작품을 패러디하는 단계로 넘어간다. 다른 장르의 예술 작품으로부터 시의 소재를 얻고, 여기에 상상력과 나만의 이야기를 더해 나만의 한 편의 시로 표현해보자. 다음은 영화, 책, 그림을 각각 시로 바꿔 쓴 학생 작품 예시이다.

영화를 시로 바꿔 쓰기, <어거스트 러쉬>

「11 years」

임가연

내 이름은 에반 테일러
니에겐 특별한 능력이 있다

눈을 감으면
세차게 바람이 부는 소리
간격을 두고 울리는 사이렌 소리가 모여
마치 쇼팽의 겨울바람처럼 들려온다

어쩌면 이건
부모님의 소리일지도 모르겠다
겨울바람과도 같이
세차게 밀려오는 그리움의 소리

이 오랜 시간은

꾹꾹 담았던 마음을

터뜨리기 위한 시간이었나 보다

오늘 나는

부모님을 위해 연주한다

나를 찾아달라고

: 책을 시로 바꿔 쓰기, 『해리포터』

「번개 머리 녀석」

김가은

쏘옥-

번개 머리 녀석이 날 삼켰다

아무리 여기저기 둘러봐도

아무것도 보이지 않는 곳

여긴 어디지?

난 왜 여기 있지?

저 비겁한 놈!

백만 개의 물음표와

미움과 분노가 마음에 쌓여갈 때쯤

퉤!

드디어 세상에 나왔다

번개 머리 녀석!

날 삼킨 아인 네가 처음이야!

: 그림을 시로 바꿔 쓰기

「저 강을 조심하세요」

박지우

저기 저 예쁜 강에서

사람이 그렇게도 많이 죽었대요

모네, 「지베르니 부근의 센 강변」

저기 저 예쁜 강이

사실은 물살이 그렇게 세대요

밖에서 보면 정말 예쁜 저 강이

속은 그렇게도 매섭대요

저기 저 예쁜 강을

조심하세요

「꽃의 비밀」

김대현

꽃의 운명은 인생을 닮았다

사람이 태어나서 죽는 것처럼

꽃이 개화하고 낙화하는 것이

인생을 닮았다

사람들의 모습은 꽃을 닮았다

서로 다른 모습을 가진 꽃처럼

우리도 꽃처럼 아름다운 인생을 살고 있다

한스 볼론기어, 「꽃 그림」

3
협동 시 쓰기

'시 쓰기'라고 하면 혼자 조용히 자리에 앉아 골똘히 사색에 잠긴 모습이 떠오른다. 발상에서부터 내용 선정 및 구성, 표현에 이르기까지 시 쓰기의 전 과정은 개별적이고 사유적이다. 그 누구도 방해할 수 없는 독립적인 시간이자 혼자 힘으로 해내야만 하는 고도의 정신적인 과정이다.

하지만 이는 학생들이 시를 쓰는 데 발목을 잡는 요소가 되기도 한다. '뭘 써야 할지 모르겠어요' '머릿속에 아무것도 안 떠올라요' '어떻게 써야 할지 모르겠어요' 하고 어려움을 토로한다. 사고가 꽉 막혀버려 한 글자도 써내려가지 못한 채 빈 종이만 바라보며 답답해한다. 하지만 교사가 모든 학생의 머릿속에 대신 들어갈 수도 없는 노릇이다. 이러한 어려움이 몇 번 반복되면 아이들은 금세 시 쓰기에 자신감을 잃어버린다. '시'라는 장르 자체에 대한 흥미가 떨어지고 시란 어렵고 복잡한 것이라는 생각이 싹튼다. 시 쓰기뿐 아니라, 시를 읽는 것도 점점 멀리하게 된다.

협동 학습은 교실에서 자주 사용하는 방법으로, 문제 상황을 혼자서 해결하는 것이 아니라 모둠원과의 협의를 통해 공동으로 해결한다. 서로 다른 의견을 교환하고 상호작용을 통해 생각을 발전시키고 최선의 결과에 접근해나간다.

그렇다면 시 쓰기에 협동 학습을 적용해보면 어떨까? 얼핏 보면 이 둘은 서로 잘 어울리지 않는다. 하지만 교실에서 직접 실천해보니 이 둘은 의외로 잘 어울리는 '한 쌍'이었다.

사행시, 뭐가 문제일까?

협동 학습을 적용한 모둠별 협동 시 쓰기를 시작하기 전에 아이들에게 익숙한 '사행시'로 먼저 접근해보았다. 네 명이 한 모둠을 구성한다. 모둠별로 네 글자를 정해 모둠원마다 한 글자씩 담당한다. 그리고 각자 포스트잇에 그 글자를 첫 글자로 하는 문장을 적은 뒤 하나로 합쳐본다.

함께	**성**큼성큼	**소**원을	**리(이)**제
치킨을 먹으면	걸어가는	가진	함께 떠나는 거야

여기저기서 아이들의 웃기 시작한다.
"선생님 이거 완전 이상해요!"
"엉망진창이에요!"
"이건 사행시가 아니에요!"

원하던 반응이다. 이를 놓치지 않고 이어나가야 한다.

"그러면 결과가 왜 엉망진창이 됐을까?"

"뭘 쓸지 사전에 협의하지 않았기 때문이에요."

"쓴 내용이 하나의 주제가 아니기 때문이에요."

오늘 수업의 중요한 포인트를 아이들이 잘 짚어주었다. 협동 시 쓰기도 방금 한 사행시 쓰기의 방법과 거의 비슷하다. 모둠원이 각자 한 연씩 맡아서 쓴 후, 각 연을 합쳐 한 편의 시로 완성하는 것이다. 하지만 다른 점이 있다면 협동 시 쓰기에는 바로 아이들이 지적한 '협의' 과정이 있다는 것이다. 협동 시 쓰기는 단순히 퍼즐 맞추듯이 시를 네 도막 내, 각자 쓰고 이어 붙이는 것이 아니다. 각자 쓴 연들이 유기적인 관계를 맺고 한 편의 시로써 통일감을 주어야 한다. 이를 위해 쓰기 과정 전반에 걸쳐 반드시 모둠원 간의 충분한 소통이 필요하다. 그래야 조금 전 쓴 사행시처럼 겉모습만 시 행세를 하는 '가짜 시'를 쓰지 않을 수 있다.

교사는 다음과 같은 협동 시 쓰기의 네 단계를 아이들이 따로 또 같이 실천할 수 있도록 한다.

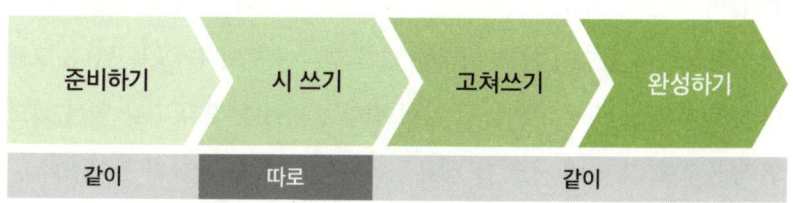

협동 시 쓰기의 네 단계

준비하기

본격적으로 시를 쓰기에 앞서 준비 과정이 필요하다. 먼저 무엇을 쓸 것인지 정해야 한다. 모둠원들과의 충분한 협의를 통해 우리 모둠의 주제를 정한다.

주제를 정할 때는 관념적이거나 추상적인 것보다는 주제와 관련된 실제 경험을 많이 떠올릴 수 있는 것으로 접근하는 것이 좋다. 그래야 확산적 사고가 활발하게 일어나 쓸거리를 훨씬 더 쉽고 풍부하게 떠올릴 수 있다. 또한 각자가 떠올린 것에 대해 모둠원들과 소통하고 서로의 공감을 얻기에도 좋다.

겨울 / 치킨 / 6학년

위와 같이 주제가 정해졌다면 주제에 대해 떠오르는 내용들을 마인드맵으로 나타낸다. 별도의 선별 과정 없이 머릿속에 생각나는 대로 가능한 많이 적는다. 처음 주제와 다소 멀어져도 괜찮다. 꼬리에 꼬리를 무는 생각을 중간에 자르지 않고 최대한 넓게 생각이 뻗어나가도록 한다. 그물이 넓을수록 그 속에 고기들이 많이 걸리는 법이다. 생각 그물 역시 넓으면 넓을수록 그 속에 시로 쓸 내용들이 걸려 올라올 확률이 높아진다.

내 것만 주야장천 적는 것이 아니라 다른 친구가 적은 것도 살펴봐야 한다. 친구가 적은 것을 보고 새롭게 떠오른 것이 있다면 친구의 그물에 추가해서 적어보자. 각자 서로 다른 색깔의 볼펜을 사용하면 모둠원 간

'겨울'을 주제로 아이들이 작성한 마인드맵

상호작용 과정을 알아보기 더 좋다.

마인드맵 작성이 끝나면 자신이 적은 것에 대해 모둠원들에게 설명해 준다. 내가 적은 것과 관련된 나의 경험을 소개하거나, 이 단어가 떠오른 이유를 말할 수 있다. 친구의 이야기를 들으며 떠오른 생각이나 느낌도 자유롭게 주고받는다.

충분한 의견 교환 및 의사소통 과정이 끝나면 마인드맵을 다시 한번 찬찬히 살펴본다. 마인드맵에서 떠올린 것들을 모두 시로 쓸 수는 없다. 그중에서 시로 나타낼 것만 따로 선별해내야 한다.

이를 위해 우리 모둠이 쓸 시의 '타깃', 즉 시의 방향성부터 정해야 한다. '겨울'에서 파생된 단어인 '김장' '겨울잠을 자는 동물들' '겨울철 음식'

'눈' '크리스마스' 등 여러 가지 단어 중 하나를 골라 우리 모둠 시의 최종 주제로 선택한다. 모둠원들의 가장 많은 공감을 얻었거나 가장 많은 이야기가 오고 갔던 것, 가장 재미있을 것 같은 것 등이 최종 주제가 된다.

겨울 → 겨울철 간식

치킨 → 치킨의 부위별 맛

6학년 → 6학년 때 한 여러 가지 활동

주제를 구체화했다면, 그 주제와 관련하여 쓸 수 있는 내용을 마인드맵에서 찾아 따로 정리한다.

겨울철 간식 → 붕어빵, 군고구마, 떡볶이, 호떡, 찐 감자, 군밤, 귤, 딸기

치킨의 부위별 맛 → 날개, 다리, 닭가슴살, 닭똥집, 닭봉, 갈비뼈, 닭목, 껍질

6학년 때 한 여러 가지 활동 → 현장 체험 학습, 운동회, 수련회, 졸업, 우유 급식, 시 쓰기

이를 바탕으로 연마다 담아낼 내용을 나누고, 그 연을 누가 쓸 것인지도 정한다. 시의 제목도 붙여본다.

마지막으로 시를 쓸 때 지켜야 할 약속도 정한다. 내용은 함께 구성했기 때문에 이미 어느 정도 연결성과 통일성을 갖추고 있다. 따라서 이 약속은 형식적인 부분에 초점을 맞추도록 한다. 하지만 연역적으로 규칙을 먼저 정한 뒤 이를 바탕으로 글을 쓰는 건 초등학생의 수준에서 다소 어려울 수 있다. 따라서 이 과정은 생략하고 일단 시부터 써도 좋다. 각자 쓴 연을 합쳐보고, 거기서 함께 지켜야 할 규칙을 발견하여 다시 고쳐 쓴 후에 외적인 통일성을 부여해도 된다.

제목	따뜻한 겨울
연의 구성 및 역할 분담	1연: 붕어빵 - 허유빈 2연: 어묵 - 이도영 3연: 핫초코 - 최서윤 4연: 귤 - 이온유
시 쓸 때 지킬 것	• 음식의 맛이 드러나게 쓰기 • 따뜻하다는 말 넣기 • 1연은 '겨울엔 ~이 최고지', 　나머지 연은 '아니야 아니야 ~이 최고지'로 시작하기

시 쓰기

개요를 바탕으로 각자 포스트잇에 자신이 맡은 연을 쓴다. "여기다가 이렇게 쓸까?" "이거랑 이거 중에 어떤 게 더 나아?" 시를 쓰면서 자연스럽게 모둠원들과 의논하는 모습을 볼 수 있다. 이때 '혹시 내 시가 다른 친구들과 잘 이어지지 않으면 어쩌지?' 하고 지레 걱정할 필요가 전혀 없다. 이는 고쳐쓰기 과정에서 서로 맞춰가면 된다. 내가 쓴 것들을 하나하나 모둠원들에게 허락받거나 확인받지 않아도 된다. 지금 이 순간 이 한 연 만큼은 온전히 내 것이니 말이다. 이처럼 한 연만이라도 처음부터 끝까지 자신의 힘으로 써보는 경험은 이후 한 편의 시를 혼자 완성해내는 데에 훌륭한 밑거름이 되어줄 것이다.

고쳐쓰기 및 완성하기

각자 한 연씩 작성이 끝났다면 사절지에 순서대로 포스트잇을 이어 붙여본다. 상단에는 시 제목과 모둠원 이름도 적는다. 벌써 한 편의 시가 뚝딱 완성된 것 같지만 이렇게 끝나서는 안 된다. 완성도 있는 작품을 만들어내기 위해서는 반드시 '고쳐쓰기' 과정을 거쳐야 한다.

시를 쓸 때 지켜야 할 규칙을 미리 정했지만, 여러 명이 나누어 썼기 때문에 혼자서 쓴 것처럼 완벽하게 이어지지 않을 수 있다. 놓친 부분 또한 있을 수도 있다. 따라서 붙여놓은 포스트잇들을 순서대로 모둠원과 함께 소리 내어 낭송해본다.

고쳐쓰기의 핵심은 '소리 내어 낭송'하는 것이다. 아이들은 성인보다 자신의 글에서 고쳐 써야 할 부분을 찾는 것을 더 어려워한다. 이때 도움이 될 수 있는 것이 바로 소리 내어 읽어보는 것이다. 소리 내어 읽다가 어색한 부분이 나오면 읽던 것을 멈춘다. 그리고 모둠원들과 그 부분의 무엇이 문제이고 이를 어떻게 수정해야 할지 의논한다. 수정 범위는 사소한 맞춤법에서부터 시어를 교체하거나 추가·삭제하고, 연이나 행의 순서를 재배열하거나 처음이나 끝에 새로운 연을 추가하는 것 등이 될 수 있다.

고쳐쓰기가 마무리되었다면 이제 한 편의 시로 나타내본다. 시의 내용과 어울리는 그림을 그려 시화로 나타내도 좋다. 다음은 학생들이 함께 쓴 협동 시 예시이다.

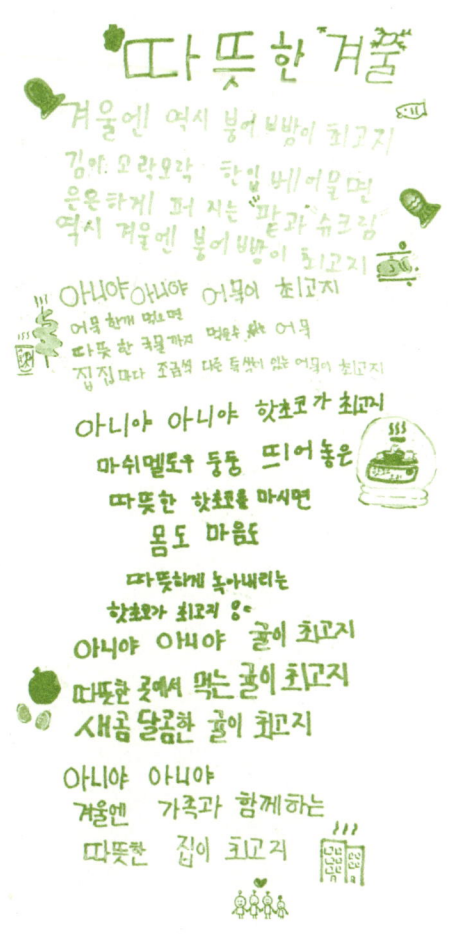

협동 시 쓰기의 효과

협동 시 쓰기는 시 쓰기에 어려움을 겪는 학생들에게 효과적인 접근법이 될 수 있다. 각자 한 연씩만 썼지만 이를 모아보니 완성된 한 편의 시가 되었다. 이를 통해 혼자서 한 편의 시를 써야 한다는 부담감을 줄이는 것은 물론 시를 완성했을 때 느끼는 성취감과 뿌듯함도 경험할 수 있다. 나도 시를 쓸 수 있다는 자신감 또한 생겨난다.

하지만 여기서 만족해서는 안 된다. 이러한 긍정적 경험이 반드시 개별 시 쓰기로 이어져야 한다. 결론적으로, 다른 모둠원과 함께 주제를 선정하고, 내용을 구성하고, 초고 작성 및 고쳐쓰기를 했던 전 과정을 혼자서 해낼 수 있어야 한다. 따라서 협동 시 쓰기를 여러 번 반복한 후에는 반드시 개별 시 쓰기에 도전할 수 있도록 지도해야 한다.

4
날씨와 계절로 쓰기

날씨는 우리 마음에 많은 영향을 준다. 비 오는 날이면 왠지 마음이 차분해지고 촉촉해지는 느낌이 든다. 창가에 앉아 비 오는 모습을 바라보며 감상에 젖어들기도 한다. 계절도 마찬가지다. 쨍쨍 덥던 여름이 물러가고 찬바람이 조금씩 불기 시작하면 내 마음에도 무언가 일렁거린다.

이처럼 날씨와 계절은 우리 마음속에 여러 가지 감정을 불러일으킨다. 내 주변을 둘러싼 것들의 모습도 바뀐다. 이는 시 쓰기의 좋은 재료가 된다. 이러한 내적, 외적인 변화를 포착하고 이를 시로 나타내보자.

온몸으로 비 느끼기

교실에 도착하니 아이들이 거센 빗줄기에 교실 창문을 다 닫아놓았다. 형광등을 켰는데도 어둑어둑하다. 창문에 습기가 잔뜩 꼈다. 아이들도 이런 변화를 감지했을까? 아마 별생각 없이 그냥 스쳐 지났을 것이다.

이 상태로 '비 오는 날'을 주제로 시를 쓴다면 어떨까? 아이들은 지금 바로 옆에서 비가 내리고 있는데도 그 비를 관찰할 생각을 하지 못한다. 대신 자신의 머릿속에 있는 '비'라는 개념에 의존한다. 하지만 이는 '나만의 비'가 아닌 누구나 다 아는 추상적인 사물일 뿐이다. 예전에 있었던 비와 관련된 경험을 떠올리는 아이도 있다. 조금 더 낫다. 하지만 그런 아이들의 시 속에서도 비는 여전히 '주룩주룩 내리고, 옷을 젖게 하고, 우산을 쓰게 하는' 정도로만 묘사된다. 직접 경험을 통해 느꼈던 나만의 생각이나 감정이 잘 드러나지 않는다.

「우산」

박진성

비가 오면 우산을 가지고 간다
우산을 가지고 다니는 게 불편하다
우산에 물이 묻어 있을 땐 우산을 펼쳤다 닫았다 한다
스트레스가 풀린다
우산을 잊어버리거나 놔두고 가면 들고 오기 귀찮다

위 시는 비가 내리던 바로 그날, 그 자리에 없었던 사람이라도 누구나 쓸 수 있는 내용을 담고 있다. '바로 그 비'만의 특별함이 없다. 그날따라 느꼈던 새로운 느낌이나 생각도 부재한다. 비가 내렸던 수많은 날을 뭉뚱그려 '비 오는 날'로 떠올리다 보니 일반적인 이야기만 남았다. 비가 내렸던 무수히 많은 날 중에서 내 기억에 남는 딱 하루를 떠올려야 한다. 그리고 그날의 비가 어떻게 내렸는지, 그 비는 나에게 어떤 기분과 감정을 가져다줬는지 최대한 자세하고 구체적으로 나타낼 수 있어야 한다. 이를 위해 쿠키를 가지고 시를 쓸 때처럼 우리의 '오감'을 다시 깨울 때가 왔다.

아이들과 함께 운동장에 나간다. 그리고 쿠키를 관찰했을 때처럼 이번에는 비를 관찰해보자고 제안한다. 비가 정말 주룩주룩 오기만 할까? 빗줄기를 눈으로 잘 살펴본다. 옆으로 기울어서 내리기도 하고, 운동장 스탠드에 떨어진 빗줄기는 다시 위로 튀어오르기도 한다. 빗소리에도 귀 기울여본다. 빗방울은 정말 투둑투둑 떨어질까? 빗방울이 우산에 부딪칠 때, 운동장 흙 위에 떨어질 때, 나뭇잎 위에 떨어질 때의 소리를 하나하나 들어본다. 비를 손으로 만져도 보고, 비 냄새를 코로도 맡아본다. 어떤 느낌이 드는가?

아이들이 비를 관찰한 후에는 빗속에서 자유롭게 즐길 수 있는 시간도 충분히 준다. 물웅덩이를 첨벙거리는 아이도 있고, 우산을 빙빙 돌리며 물방울을 튀기는 아이도 있다. 모두 좋다. 이 또한 비와 관련된 특별한 경험이 되어 아이들의 기억에 남게 될 것이다.

이제 교실로 돌아와 시를 쓴다. 아이들의 시가 사뭇 달라져 있을 것이다. 다음은 비에 관해 쓴 학생들의 시 예시이다.

「비의 노래」

　　　　　성준호

도독 도독 토도독 도독 도독 도로록

비는 아름다운 소리를 내지
꼭 한 소리만 내지는 않아
여러 소리를 낼 수 있지

도독 도독 토톡 토톡 탁 탁 쪼르르르륵
이보다 더 많은 소리도 낼 수 있어

내 노래를 들어봐
토독 도독 탁 탁 쪼르르르륵 토독 도독 탁 탁 조르르르륵

내 노래 어때
빗소리에 귀를 기울여봐

「비」

김대현

바다에서 들리는 소리
쉬이익 휴우 쉬이익 휴우
내가 찾던 소리 바람 소리

밤에 들리는 빗소리
투둑투둑 타닥타닥
내가 찾던 소리 키보드 소리

바다에서 비가 오는 소리
쉬이익 투둑투둑 휴우 타닥타닥
내가 찾던 소리 포근한 소리

　이 아이들은 '모두의 비', '언제든 내리는 비'가 아닌 '오늘 내린 나만의 비'를 찾아내는 데 성공했다. 오늘 내가 들은 빗소리는 '토독 도독 탁 탁 쪼르르르륵' 다양했다는 것을 발견했다. '쉬이익 휴우' 바람 소리 같기도, '타닥타닥' 키보드 소리 같기도, 내 마음을 포근하게 만드는 소리 같기도 하다. 아이들의 시 속에서 비가 살아났다. 아이들이 느낀 감정에 생동감이 생겼다.

비와 관련된 경험 떠올리기

오늘 운동장에 나가 친구들과 비를 즐겼던 경험 자체를 시로 쓴 아이도 있다. 학교 화단에서 청개구리와 달팽이를 발견했는데, 이 아이에게는 인상 깊은 기억이 되었나 보다.

「비와 친구들」

김보경

투닥투닥 우산에 비가 내린다
투닥투닥 친구들이 뛰어간다

개굴개굴 개구리가 운다
개구개굴 친구들이 말을 한다

꿈틀꿈틀 달팽이가 기어간다
꿈틀꿈틀 친구들이 걸어간다

쏴쏴 비가 떨어지면 돌이 반짝반짝해진다
쏴쏴 물이 떨어지면 친구들 손이 반짝반짝해진다

「바보」

김가빈

한 가닥 한 가닥 국수 면 뽑듯 내리는 비
그렇게 나에게 다가왔던 너

난 그런 네가 정말 싫었어
내 하루를 귀찮게 했거든
바보같이

알고 보니 넌 참 착한 거였어
내가 달팽이를 좋아하던 시절
신기하고 귀여운 달팽이 보고 싶었지
그럴 때마다 넌 나에게 달팽이를 보여줬어

하지만 이제는 네가 보고 싶어
나에게 또 바보같이 찾아와줘서 고마워

위 시는 오늘 달팽이를 본 경험을 통해 어렸을 때 달팽이를 좋아했던 자신을 떠올린 경우다. 자신의 경험을 바탕으로 하고 있지만, 비가 와서 달팽이가 보였던 게 아니라 나에게 달팽이를 보여주기 위해서 비가 찾아온 것이었다는 시적 상상력을 펼쳤다. 나아가 이를 바탕으로 지나간 기억을 재해석했다.

오늘 운동장에서 비를 관찰한 내용이 직접적으로 드러나 있지 않아도 괜찮다. 그렇다고 해서 내가 관찰한 것들이 아무 의미 없이 사라진 것은 아니기 때문이다. 오늘 경험한 '달팽이'가 과거와 현재의 나를 연결하는 매개체가 되어 비와 관련된 기억을 떠올리게 해준 것처럼 말이다.

「텐트에 놀러 온 비」

최서윤

텐트에서 한숨 자고 일어나니
빗물이 주룩주룩 내려온다

아이들은 비와 함께 첨벙첨벙 놀고
어른들은 부랴부랴 짐 싸고 있다

부릉부릉 차 안에서 밖을 보면
어느새 무지개가 떠 있다

비가 캠핑장에 놀러왔다가 주고 간
선물인가 보다

이 학생은 캠핑을 갔다가 갑작스럽게 비를 만났던 경험을 떠올렸다. 하지만 비가 오는 모습을 단순히 '빗물이 주륵주륵 내려온다'라고만 표현했다. 이는 캠핑을 하러 갔던 그날 그 자리에 없었던 사람이어도 충분히 떠올릴 수 있는 문장이다. 이때 학생과 함께 다음과 같은 대화를 나눠본다면 오늘 운동장에서의 경험이 그날의 비를 좀 더 생생하게 묘사하도록 돕는 디딤돌이 되어줄 것이다.

교사: 캠핑 갔을 때 비가 오는 걸 어떻게 알았어?

학생: 텐트에서 자고 일어났는데 텐트 위로 빗방울 떨어지는 소리가 났어요. 그래서 '비 오나?' 하고 텐트 밖으로 나왔더니 진짜로 비가 오고 있었어요.

교사: 그러면 눈, 코, 입, 귀, 피부 중에서 비가 오는 걸 가장 먼저 알아차린 곳은 어디야?

학생: 귀예요. 비가 텐트 천장 위에 내리는 소리를 가장 먼저 들었거든요.

교사: 그럼 그때 비가 내리는 소리가 어땠어? 오늘 운동장에 나가서 들었던 소리 중에 비슷한 소리가 있었니?

학생: 오늘 비가 우산에 맞을 때 따닥따닥 하는 소리가 났는데, 텐트에서도 비슷한 소리가 났던 것 같아요.

교사: 그랬구나. 그러면 캠핑 갔을 때 비가 오던 순간을 오늘 경험과 관련지어보면 좀 더 생생하게 표현할 수 있을 것 같은데?

4. 날씨와 계절로 쓰기

대화를 마치고 자리로 돌아간 학생은 자신의 시를 다음과 같이 수정했다.

텐트에서 한숨 자고 일어나니
비가 텐트 천장에서 따딱따닥 팝콘처럼 튀어오른다

이 학생은 오늘의 경험을 통해 캠핑을 갔던 날 무심코 스쳐 지나갔던 비 오던 순간의 '소리'를 포착해 낼 수 있었다. 그리고 이를 자신만의 표현으로 구체화했다.

계절 활용하기

날씨처럼 계절도 시로 표현해보자. 1년에 네 번 찾아오는 계절의 변화는 우리의 삶에 많은 영향을 준다. 자세히 살펴보면 같은 계절 안에서도 훨씬 더 많은 세밀한 변화가 있다. 낮에는 여전히 덥지만 아침저녁으로 조금씩 찬 공기가 파고드는 초가을, 단풍이 물드는 완연한 가을, 찬바람에 낙엽이 흩날리는 늦가을까지. 이러한 계절의 변화를 알아차리고, 감정적으로 섬세하게 반응할 수 있어야 한다.

나는 가을이 되면 아이들과 학교 주변을 함께 걸으며 산책한다. 무더웠던 여름에 비해 발걸음과 표정에 여유가 찾아왔다. 걸으면서 마음에 드는 예쁜 낙엽도 주워본다. 아이들이 오감을 활용해 가을을 충분히 느낄 수 있는 시간을 보낸다. 그리고 교실로 돌아와 가을을 주제로 시를 쓰고, 주워 온 낙엽으로 시화도 꾸민다. 낙엽에 묻어온 가을이 교실을 채운다.

이처럼 우리 아이들이 시를 통해 변화하는 계절에 따라, 날씨에 따라 다양하고 충만한 감정을 느끼며 커가길 바란다. 다음은 계절을 활용하여 쓴 학생 시 예시다.

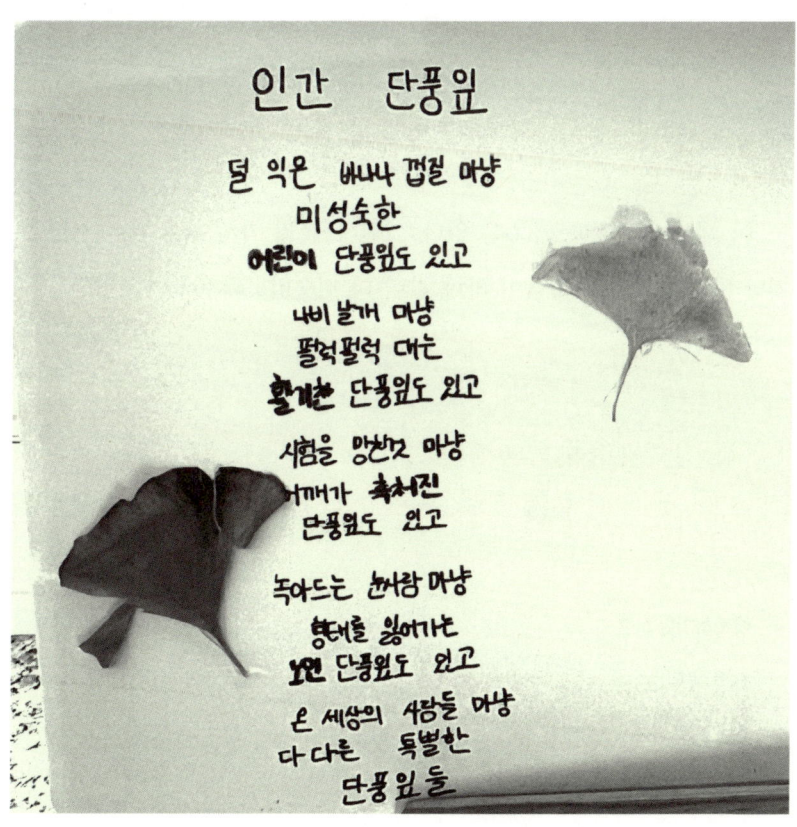

5 우리 가족으로 쓰기

이 세상에 똑같은 가족은 없다. 그런데 '우리 가족'을 주제로 시를 쓰기만 하면 수많은 가족들이 하나 같이 다 비슷비슷해진다.

「화목한 우리 가족」

배호민

행복하기도 하고
때론 힘들기도 한
우리 가족

요리사처럼 요리를 잘하시는 할머니
박사님처럼 뭐든 잘 아시는 할아버지

> 여왕처럼 우리에게 늘 잔소리하는 엄마
> 슈퍼맨처럼 가족을 위해 일하러 가는 아빠
> 로봇처럼 공부만 하는 나
>
> 하는 것은 다 달라도
> 화목한 우리 가족

아무런 사전 지도 없이 '우리 가족'을 주제로 시를 써보라고 한다면 우리 아이들도 이와 비슷하게 쓸 것이다. 다른 가족과는 구별되는 우리 가족만의 개성이나 특별함이 잘 드러나지 않는다. 그 대신 사회적으로 통용되는 보편적이고 일반적인 가족에 대한 시선으로 시를 쓰는 경우가 많다. 그에 비해 아래의 시들은 조금 다르다.

문현식의 시 「비밀번호」(『팝콘 교실』, 창비, 2015)에서는 현관문 도어록 누르는 소리의 미묘한 차이로 엄마, 아빠, 누나, 할머니를 구별한다. 그리고 "제일 천천히 눌러도 제일 빨리 나를 부르던" 할머니의 비밀번호 누르던 소리를 그리워하며 더 이상 볼 수 없는 할머니를 떠올린다. 같은 시집에 수록된 「쩔어」에서는 시험에서 52점을 맞아도 혼나기는커녕 막 웃음을 터뜨리는, '완전 쩌는' 우리 집의 모습이 담겨 있다.

임미성의 시 「보따리가 왔다」(『달려라, 택배 트럭!』, 문학동네, 2018)에서는 온 가족이 둘러앉아 외갓집에서 보내준 보따리를 열어보는 장면이 펼쳐진다. 보따리에서 할머니의 사랑이 꾹꾹 눌러 담긴 '참기름, 들기름, 감자,

부추, 장조림, 양파 한 망'이 줄줄이 나오는 것을 보고 엄마는 "양파를 까지 않고도 바알가니 양파 깐 눈"이 되었다.

'돋보기'로 우리 가족 들여다보기

앞서 살펴본 학생 시와 위 시들의 차이점은 무엇일까? 그것은 바로 '돋보기로 보듯' 우리 가족을 관찰했다는 점이다. 멀리서 우리 가족의 '전체' 모습을 바라보는 것이 아니다. 우리 가족의 특징을 가장 잘 나타낼 수 있는 '딱 한 부분'을 돋보기로 확대하여 최대한 자세하고 구체적으로 들여다보는 것이다. 우리 가족의 모든 정보를 다 시에 담을 필요는 없다. 시 속에 꼭 모든 가족 구성원이 등장할 필요도 없다. 범위가 넓어지면 자연스럽게 구체성이 떨어질 수밖에 없기 때문이다.

그 대신 우리 가족의 특징을 잘 나타낼 수 있는 에피소드 한 가지를 떠올리도록 한다. 우리 가족 중에서 할머니에 관해서만 써도 된다. 먼저 할머니와 관련된 여러 가지 에피소드 중에서 할머니의 성격이나 특징, 할머니에 대한 나의 마음 등을 잘 나타낼 수 있는 사건 하나를 고른다. 그리고 그 사건에 대해 자세하게 써본다. 그날 있었던 일, 보거나 들었던 것, 할머니가 해주셨던 말씀, 내 생각이나 감정 등을 생각나는 대로 최대한 구체적으로 메모한다.

시로 쓰고 싶은 가족	할머니
그 사람에 대해 시로 나타내고 싶은 것 (시의 주제)	우리들에 대한 할머니의 사랑
주제를 잘 느낄 수 있었던 순간	할머니 댁에 놀러가 할머니가 차려주신 밥을 먹을 때
그 순간을 돋보기로 들여다보기	• 아빠랑 동생이랑 같이 시골에 있는 할머니 댁에 놀러감. • 할머니가 우리를 보자마자 "밥은 잘 챙겨 먹고 다니냐?" 하며 나랑 동생 손을 잡고 주방으로 데려가셨음. • 된장찌개랑 몸에 좋은 음식들을 차려주심. • 밥을 다 먹고 후식으로 내가 좋아하는 백설기를 꺼내 주심. • 백설기를 먹는 동안 "할머니는 늘 우리 손녀딸 믿어. 늘 힘내고"라고 말해주셨음. • 재밌게 놀고 집에 갈 때가 되자 "그래 나중에 또 와"라고 하며 배웅해주심.

 위 학생은 '할머니의 사랑'을 느낄 수 있었던 순간으로 할머니 댁에 놀러갔던 날, 할머니가 차려주신 저녁을 먹던 기억을 떠올렸다. 그리고 이를 바탕으로 다음과 같은 시를 썼다. 그날의 기억을 돋보기로 확대하여 보여줌으로써 그 속에 담긴 손녀들에 대한 할머니의 사랑과 관심도 돋보기로 보듯 더욱 잘 느껴지게 되었다.

「소중한 사람」

　　　　　　김가빈

잘했어,
난 널 믿어

힘들지?
괜찮아 힘내

너 먹으라고 해 왔어
맛있게 먹어

밥은 잘 챙겨 먹고 있지?
그래 학교 잘 갔다 오고

이것도 좀 먹어봐
너 주려고 저기 시장에서 좀 샀어

그래, 나중에 또 와

내 소중한 사람
할머니

'카메라'로 사진 찍듯 묘사하기

이번에는 우리 가족의 특징을 직접적으로 평가하거나 설명하는 대신 '묘사'만을 활용해보자. 시에서 작가가 모든 것을 다 설명해줄 필요는 없다. 하나하나 다 말해주지 않아도 독자들은 그 속에 담긴 감정이나 생각을 의외로 잘 찾아낸다. 독자를 믿고 내 시의 일부를 독자의 몫으로 남겨보자. 내가 아닌 독자로 하여금 시를 완성하도록 하자.

우리 가족의 모습이 담긴 한 장면을 카메라로 사진 찍듯 있는 그대로, 최대한 구체적이고 자세하게 묘사해본다. 그리고 그 장면을 통해 내가 표현하고자 했던 것을 독자 스스로 떠올리도록 한다. 글로 찍어낸 우리 가족의 모습 속에 우리 가족의 특징이나 가족에 대한 나의 감정이 잘 드러나는가?

「농구」

한서진

항상 할아버지 집 가면
함께 하던 농구

항상 할아버지한테 배운 농구

> 아빠도 큰아빠도
> 할아버지한테서 배운 농구
>
> 항상 넷이서 하던 농구
> 이젠 셋이서 한다

위 시는 돌아가신 할아버지의 빈자리에 관해 쓴 시이다. 하지만 이 시 어디에도 '할아버지가 돌아가셨다'라는 상황에 대한 설명이나, '할아버지가 돌아가셔서 허전하다'라는 나의 감정이 드러나 있지 않다. 그저 농구 하는 모습만 한 장의 사진으로 나타나 있을 뿐이다. 하지만 이 장면을 통해 독자들은 할아버지의 빈자리를 깨닫고, 그로 인해 내가 느꼈을 허전한 마음을 자연스럽게 이해할 수 있다.

교사의 진심 어린 반응은 강력한 동기부여가 된다

시를 쓰고 나면 아이들은 '내가 쓴 시가 괜찮은가?' '별로인 것 같은데'라고 생각하며 자신감 없는 모습을 보인다. "선생님이 한번 봐도 돼?"라고 물어보면 부끄러운 마음에 작품을 숨기려 하거나 쭈뼛거리는 아이들도 있다.

나는 그래서 아이들 한 명 한 명에게 진심 어린 피드백을 해주려고 노력한다. 여기서 말하는 피드백이란, 틀린 부분을 수정하거나 고쳐주는 것을 말하는 것이 아니다. 물론 필요한 경우에는 그런 교정적 피드백도 제공해준다. 하지만 그건 가장 마지막 단계이다. 아이들의 시를 읽고 내가 가장 먼저 하는 일은 작품의 첫 번째 독자로서 '진심 어린 반응'을 해주는 것이다.

「기억」

이온유

우리 아빠는 날 알아요
'온유야.'

우리 엄마는 날 알아요
'온유야.'

우리 언니는 날 알아요
'온유야.'

우리 할머니도 날 알아요
'온유야.'

하지만 우리 할아버지는 날 몰라요

'어…….'

이제 더 이상

내 이름 기억 못 하는 할아버지

할아버지, 괜찮아요

위 시를 읽고, 나는 치매를 앓다 작년에 돌아가신 외할아버지가 떠올라 아이들 앞에서 그만 울음을 터뜨리고 말았다. 우는 선생님이 처음인 아이들은 몹시 당황했다. 어쩔 줄 몰라 하며 어리둥절한 표정으로 나만 빤히 바라보았다. 그때 딱 한 명, 이 시를 쓴 학생은 그런 내 모습을 보더니 점차 눈시울이 붉어지다가 같이 눈물을 흘리기 시작했다. 이 아이에게는 내가 쓴 시가 누군가에게 깊은 울림을 주어 눈물을 나게 했다는 사실이 평생 잊지 못할 기억이 될 것이다. 또한 앞으로 시를 써나가는 데에도 강력한 동기부여가 될 것이다.

이 모습을 본 학급의 다른 아이들이 "선생님 저희도 한번 읽어봐도 돼요?" 하고 앞다투어 시를 읽었다. 그러자 몇몇 아이들도 함께 눈물을 흘리며 돌아가신 할아버지 이야기를 꺼내기 시작했다. 어떤 아이는 편찮으신 할머니 이야기를, 어떤 아이는 엄마 이야기를 하기 시작했다. 처음부터 의도하진 않았지만 자기 가족에 대해 터놓고 이야기하는 장이 마련되었다. 어느 한 아이도 장난치지 않았고, 친구의 이야기를 들으며 깊이 공감해주고 위로의 말을 전해주는 모습을 볼 수 있었다.

한참 이야기를 나눈 뒤, 자리에 돌아가 마저 시를 쓰는 학급의 분위기가 그전과는 사뭇 달라졌다. 내가 느낀 감정에 대해 우리 반 친구들이 '진지한 척한다' '중2병이다'라는 반응을 보이지 않을 것이라는 믿음이 생겨났다. 함께 시를 쓰고 감정을 공유하는 하나의 '공동체'가 되었다는 끈끈함이 형성됐다. 무엇보다도 아이들이 자신의 내면의 이야기를 조금 더 솔직하게 꺼내기 시작했다.

「엄마」

김민예

웃으며 얘기해도 눈물 나는 말
엄마

언제나 나만 바라보던 사람
엄마

그래도 항상 화만 내던 나
나중에 후회만 가득할 거라던 오빠

아무리 화를 내도
웃으며 미안하단 말만 하던
우리 엄마가 하던 말

"엄마가 처음이어서 미안해."

뒤를 돈 나의 눈에는
눈물만 가득

엄마,
나도 내가 처음이라서 미안해

교사는 아이들의 첫 번째 독자

나는 아이들의 시를 읽는 게 참 즐겁다. 겉으로는 아닌 척하지만 속으론 잔뜩 긴장한 채 쭈뼛쭈뼛 시를 내미는 그 모습이 참 귀엽다. 내가 시를 읽는 그 짧은 시간이 아이들에겐 얼마나 길게 느껴질까. 선생님께서 어떤 말을 해주실까 걱정 반 기대 반으로 내 첫마디를 기다리는 긴장한 모습이 예쁘다. "어떻게 이런 생각을 했어? 선생님 너무 깜짝 놀랐어. 이 표현 정말 좋다." 마침내 내 말을 들었을 때 얼굴이 환하게 밝아지며 기뻐하는 그 표정이 사랑스럽다.

    교사는 아이들이 만나는 첫 번째 독자이다. 선생님들께서도 우리에게 주어진 그 소중한 역할을 충분히 즐기면 좋겠다. 동시에 그 역할의 무게를 충분히 다하면 좋겠다.

3부

시에 날개 달기

아이들이 시 쓰기에 흥미가 생겼다면 이미 절반은 성공한 셈입니다. 하지만 이것이 시의 완성도와 수준을 보장해주는 것은 아닙니다. 물론 시를 통해 아이들이 자신의 생각과 감정을 표현한다는 사실 자체만으로도 충분히 가치 있는 일입니다. 하지만 여기에서 한발 더 나아가면 어떨까요? 아이들의 시를 업그레이드해줄 수 있는 몇 가지 방법을 소개합니다. 시를 쓰고 싶다는 마음에 시를 잘 쓰는 방법까지 더해진다면 아이들의 시는 눈에 띄게 성장할 것입니다.

1장에서는 시 속에 자기가 들은 말을 넣어보는 방법을 소개합니다. 자신의 경험을 단순히 글로만 풀어서 설명하는 것이 아니라, 그때 내가 들었던 말도 함께 넣어봄으로써 시에 생동감과 재미를 불어넣습니다.

2장에서는 내가 아닌 다른 대상이 되어보고 그 대상의 입장에서 시를 쓰는 방법을 소개합니다. 이를 통해 아이들의 감정이입의 자세를 기르고, 관점을 바꿔 세상을 바라보았을 때 나타나는 효과를 느껴보도록 합니다.

3장에서는 당연하다고 생각해오던 것에 의도적으로 물음표를 던져봅니다. 그리고 이에 대한 이유도 자기 나름대로 찾아봅니다. 그 과정에서 아이들의 시적 상상력과 세상에 대한 인식을 넓힙니다.

4장에서는 내가 나타내고 싶은 사람을 그 사람을 잘 드러낼 수 있는 물건을 통해 표현해봅니다. 이를 통해 나의 감정을 일반화하는 방법과 나의 감정에 대해 독자의 공감을 이끌어내는 방법을 고민해봅니다.

마지막으로 5장에서는 친구를 인터뷰하고 그 내용을 시로 재구성하여 나타냄으로써 발상 및 내용 구성 단계에서 새로운 자극을 제공합니다.

자, 이제 아이들의 시에 날개를 달아줘볼까요?

1 들은 대로 쓰기

　한 연예인이 인터뷰에서 자신은 해외여행을 갈 때마다 꼭 향수를 하나 산다고 했다. 여행하는 내내 그곳에서 산 향수를 뿌리면 시간이 흐른 후 다시 그 향을 맡게 됐을 때 저절로 여행지에서의 추억이 떠오른다는 것이다.
　이처럼 우리가 특정한 순간을 기억하는 방법에는 여러 가지가 있다. 어떤 향이 될 수도 있고, 그 순간의 온도, 그때 맡았던 냄새, 손에 느껴졌던 감촉 등이 그날을 떠올리게 할 수도 있다. 또 하나의 방법은 바로 그때 나누었던 '말'을 떠올리는 것이다.

말 속에 담긴 그날의 기억

　장옥관의 시 「안개」(『내 배꼽을 만져보았다』, 문학동네, 2010)에는 난생처음으로 '안개'라는 걸 본 다섯 살 동생의 모습이 담겨 있다. 동생에게 '안개'라는 존재가 얼마나 신기했을까? 그런 동생의 마음이 시의 마지막 행, 동생이 외친 한마디 외침 속에 축약되어 있다. 마지막 행을 가린 채 아이들과 어떤 말이 들어갈지 이야기를 나누어보았다. "우리가 구름 속에 들어와 있어!" "세상이 솜사탕이야!" "구름이 우리 집을 먹으러 왔나 봐!" "저기 불 났나 봐!" 등 다양하고 재치 있는 답변이 돌아왔다.

아이들의 이야기를 충분히 들어본 뒤 가려놓았던 마지막 행을 공개했다. 동생이 한 말은 바로 "구름이 터졌어!"였다. 안개를 처음 본 동생이 느꼈을 놀라움과 신기함, 설렘, 당황, 흥분 등 수많은 감정들이 "구름이 터졌다"라는 말 한마디만으로도 생생하게 나타난다. 그리고 그런 동생을 따뜻한 눈으로 바라보았을 엄마와 나의 모습도 자연스럽게 상상이 된다.

박성우의 시 「대체 왜 그러세요?」(『난 빨강』, 창비, 2010)에는 황금 같은 휴일 아침에, 오후에, 저녁에 머리 좀 빗었을 뿐인데 그런 나를 보고 뭐라고 잔소리하는 누군가의 대사가 등장한다. 이번에도 해당 행을 가리고, 아이들과 빈칸에 어떤 말이 들어갈지 이야기 나눠보았다.

아이들은 시를 읽어보더니 아마도 같은 집에 살고 있는 가족들이 한 말인 것 같다는 추측을 했다. 잔소리의 느낌이 나는 것이 부모님 중 한 분일 확률이 높다는 의견도 나왔다. 그래서 평소 부모님이 쓰는 말투를 떠올려보고, 진짜 우리 엄마 또는 아빠라면 내게 어떻게 말했을지 빈칸에 적어보았다. "니 어디 나가나?" "머리카락 떨어진다. 그만 좀 빗어라." "또 나갈라고? 그만 좀 돌아 댕겨라." "빗질만 하지 말고 머리 좀 감아라." "일로 와봐라. 엄마가 빗어줄게." 등등, 아이들의 대답 속에 집집마다의 분위기와 부모님의 성격이 담겨 있는 듯하다. 한참을 웃으며 이야기를 나눈 뒤 빈칸을 확인해보았다. 아이들이 고개를 끄덕이며 공감한다.

　이 외에도 김개미의 「잔소리 1」(『쉬는 시간에 똥 싸기 싫어』, 토토북, 2017), 성환희의 「수국이 호호호」(『별이 다가왔다』, 브로콜리숲, 2021), 이안의 「의자」(『오리 돌멩이 오리』, 문학동네, 2020)와 같은 몇 가지 시들을 함께 감상해보았다. 공통점은 내가 들은 말들이 시 속에 담겨 있다는 것이다.

「피구」

이도영

오늘은 센터에서 피구 하는 날

센터는 즐거운 곳
피구는 나를 웃게 하는 것

위험한 일이 있으면
제지해주는 선생님

피구가 끝나면
맛있는 간식도 먹고
즐거운 하루가 될 수 있는 곳

센터에서 피구 하는 날은
놀이공원 간 것처럼 즐거운 날

「축구」

전민규

운동장에서 다 같이 하는 축구

재미있는 축구
매일 하는 축구
보기만 해도 재미있는 축구
운동 중에 제일 좋은 축구

앞서 감상한 시들과 위 학생 작품을 비교해보자. 두 학생이 쓴 것처럼 초등 시 쓰기에서 가장 많이 활용하는 주제가 바로 '자신이 경험한 일'을 쓰는 것이다. 하지만 아이들의 경험은 시 속에서 생명력을 잃고 시들시들 해져버리곤 한다.

위의 두 시는 각각 피구와 축구를 한 경험을 바탕으로 하고 있다. 분명히 숨을 헉헉거리며 활력 넘치는 순간이었을 텐데 시로 표현하니 조용하고 밋밋해져버렸다. 이를 어떻게 해결하면 좋을까? 바로 시를 좀 더 시끄럽게 만드는 것, 다시 말해 나의 경험과 함께 "야 패스 패스!" "삐익- 다리 걸지 마라!" "나 물 좀!"과 같이 그때 내가 들은 '말'을 시 속에 담아보는 것이다.

팔딱팔딱 살아 숨 쉬는 말

평소 내가 자주 듣는 말이나 기억에 남는 말을 떠올려본다. 오늘의 포인트는 그 말을 '있는 그대로' 쓰는 것이다. 자체 필터링해서 좋은 말로 바꿔 쓰지 않는다. 날것 그대로 쓴다. 사투리도, 비속어도, 욕설도 다 상관없다. 머릿속에 떠오르는 대로 모두 적어본다.

"선생님, 이것도 정말 써도 돼요?"

아이들이 쭈뼛거린다. 아무래도 시에 이런 말을 쓴다는 게 내심 마음에 걸리나 보다. '반짝반짝' '살랑살랑'처럼 예쁜 말만 쓴다고 해서 좋은 시가 되는 것은 아니다. 거칠고 투박할지라도 팔딱팔딱 살아 숨 쉬는 말로 표현할 때 시는 더 아름답다. 나아가 그 안에 진심이 담길 때 진정한 시가 되는 것이다.

지금까지 들었던 여러 말을 떠올렸다면 그중에서 시로 쓰고 싶은 것을 골라본다. 이때 그 말과 관련된 구체적인 상황까지 생각하는 것이 좋다. 다음은 있는 그대로의 말을 활용해 학생들이 쓴 시 예시이다.

「증명사진」

김대현

증명사진 찍으러 가려고
옷 입고 나왔는데

"왜 꾸며 입노 니 어디 가나?
혹시 여자친구 생겼나
누군데 예쁘나?
아빠한테만 말해줘봐."

그걸 들은 동생도
쫄래쫄래 와서는
"오~ 누군데 누군데
내가 아는 사람?"

다들 왜 이렇게 난린데?

"나 증명사진 찍으러 가는데!"

「송중기」

　　　　　　최다은

공원에서 기어가는 벌레를 본
우리 아빠가 갑자기
"송충이다!"

그걸 들은 언니들이 하는 말
"뭐? 송중기?"

「하려고 했는데」

　　　　　　최서윤

씻으려고 했는데
- 니 빨리 씻어라

숙제하려 했는데
- 숙제 있다면서 안 하나

손 씻으려 했는데
- 밥 먹게 빨리 손 씻어라

하려고 했는데

자꾸 울리는 알람 같다

「단답」

　　　　　김가빈

"밥 먹을래?"

"어."

"오늘은 오랜만에 외식하자."

"어."

"뭐 먹고 싶어?"

……

"고기 먹을래?"

"아니."

"그럼 뭐 먹지?"

"글쎄……."

"그냥 저기 가자."

"어."

"……밥 먹는데 휴대폰만 보지 말고."

"……어."

길게 말하면 입만 아픈데
굳이?

들은 대로 쓰기의 효과

시를 쓰고 나서 아이들과 수업 소감을 나누어보았다. 내가 들은 말을 시 속에 담으니 어떤 점이 좋았는지도 이야기해보았다. '실감 난다, 생생하다, 재미있다, 머리에 쏙 박힌다, 인상 깊다, 공감이 잘된다' 등 다양한 의견이 나왔다. 가르쳐주지 않았는데도 오늘의 주제와 관련된 여러 시를 읽고, 직접 시를 쓰는 과정에서 아이들이 몸소 그 효과를 체감했다.

그 외에도 눈여겨볼 만한 답변이 두 가지가 있었다. 바로 '상상이 잘된다'와 '그 말을 한 사람의 성격이나 특징을 알 수 있다'는 답변이다. 이 두 학생이 말한 것이 바로 문학에서의 '말하기 telling'와 '보여주기 showing'의 차이이다.

말하기와 보여주기는 문학 작품에서 인물을 설정하고 묘사하는 두 가지 방식이다. '말하기'는 등장인물의 성격이나 특징을 서술자가 직접 말해 준다. '그는 부지런하고 열정적이다'와 같은 표현 방법이다. 이는 독자에게 의미를 명확하게 전달할 수 있지만, 상상이나 해석의 여지가 없다. 일대일 대응 방식인 셈이다.

　그에 비해 '보여주기'는 등장인물의 성격이나 특징을 등장인물의 말이나 행동을 통해 간접적으로 제시하는 기법이다. 아래의 학생 작품에서 이모의 성격을 시적 화자인 내가 직접 설명해주지 않는다. 그 대신 "뭘 갚아 이년아! 그냥 써!"라는 이모의 말만 보여준다. 이 말을 통해 우리는 이모가 겉으로는 거칠게 말해도, 속으로는 정이 많고 따뜻한 사람이라는 사실을 알 수 있다. 이처럼 그 사람이 어떤 사람일지 상상하는 것은 온전히 독자의 몫이다.

「이모」

　　　　김민예

아 배고파
돈 없는데 이모한테 전화해야지

"이모 나 돈 좀. 내가 꼭 갚을게."
"뭘 갚아 이년아! 그냥 써!"

> 이모를 보고 매일 다짐하는 말
>
> "내가 나중에 꼭 갚아야지!"

처음 이 수업을 설계할 때는 아이들의 경험을 생생하고 실감 나게 표현하기 위해 들은 말을 그대로 시 속에 담는 방법을 떠올렸다. 보여주기를 통한 효과까지는 미처 생각이 닿지 않았다. 그런데 아이들의 답변을 통해 생각지 못했던 부분까지 논의할 수 있게 되었다. 오늘도 아이들에게 한 수 배운다.

제 비밀번호 힌트는 쌤이에요

"쌤! 제 비밀번호 힌트는 쌤이에요."

"그게 무슨 말이야?"

발령 첫해, 교사로서 보내는 첫 여름 방학을 마치고 개학식 날이었다. 방학은 끝났지만 여름은 끝나지 않아 무더운 교실, 한 학생이 내게 다가와 말했다.

"제가 방학 때 무슨 사이트에 회원 가입을 했는데 비밀번호 힌트 질문란에 '가장 존경하는 선생님은?'이라는 문장이 있는 거예요. 그래서 거기다가 '보배 쌤'이라고 적었어요."

앞머리가 땀에 젖은 채 생긋 웃으며 대답하는 그 학생의 얼굴이 아직도 선명히 떠오른다. 소란스러운 틈 사이로 들려오던 상기된 목소리가 귀에 들리는 듯하다.

그 학생이 해줬던 말을 떠올릴 때마다 나는 '2학기는 어떻게 시작해야 하나'라는 걱정으로 잠을 설치고 교단 앞에 섰던 신규 교사의 개학날 아침으로 돌아간다. 그리고 그런 내 마음을 들키기라도 한 듯 사랑으로 응원해준 그 학생도 떠오른다.

당신의 기억 속에 남아 있는 말 한마디는 무엇인가? 그 말은 당신을 어떤 순간으로 데려가는가?

2. 다른 대상이 되어보기

    1995년에 개봉한 영화 〈토이 스토리〉는 지금까지 여러 시리즈를 거치며 전 세계적으로 사랑 받는 영화이다. 이 영화는 제목 그대로 장난감들의 이야기를 담고 있다. 하지만 이는 '사람'의 시점에서 바라본 장난감들의 이야기가 아니라, '장난감'의 시점에서 펼쳐지는 자신들의 이야기다.

    영화 속에서 장난감들은 마치 사람처럼 말하고 움직인다. 서로 질투하기도 하고, 싸우고 다시 화해하기도 한다. 장난감들의 삶도 우리와 별반 다르지 않다.

    장난감 이외에도 우리 주변에는 수많은 사물이 있다. 그 사물들도 〈토이 스토리〉의 장난감들처럼 말하고 생각할 수 있다면 어떨까? 냉장고 문을 여닫을 때마다 냉장고는 날 보며 무슨 생각을 할까? 침대는 내가 잠든 동안 너무 무겁다고 구시렁거리진 않을까? 이번 시간에는 나를 둘러싼 것들의 목소리에 귀 기울여보고자 한다.

너의 목소리가 들려

주변을 둘러보자. 나를 둘러싼 수많은 사물은 지금 어떤 생각을 하고 있을까? 사물들의 시선도 상상해보자. 사물의 눈에는 내가 어떻게 보일까? 사물에도 입이 있다면 나에게 어떤 말을 하고 싶을까?

몇 가지 예를 들어보자. 볼펜의 입장이 되어 상상해보는 것이다. 나는 아무 생각 없이 딸깍거리고, 손으로 빙빙 돌렸을 뿐인데 볼펜은 너무 어지러워서 '으악 살려줘!'라고 외치고 있을지도 모른다. 책상 위에 세워 둔 아이패드는 자꾸만 딴짓하는 날 보면서 '오늘은 공부 좀 해야 할 텐데, 어휴 또 저럴 줄 알았어'라며 혀를 끌끌 찰 수도 있다. 꽃집에서는 조화와 생화가 서로 자기를 사달라고 앞다투어 경쟁하고 있을지도 모른다.

물건뿐만 아니라 식물이 되어볼 수도 있다. 문현식의 시 「강아지풀」(『팝콘 교실』, 창비, 2015) 속 강아지풀은 사람들이 귀엽다고, 간지럽다고, 보들보들한 강아지 털이라고 자꾸 뽑아서 자신의 이름을 '송충이풀'로 바꾸겠다 선언한다.

동물들의 이야기에도 귀 기울여보자. 비 오는 날 민달팽이와 집달팽이는 서로 어떤 대화를 나눌까? 박해경의 시 「민달팽이와 집달팽이」(『두레 밥상 내 얼굴』, 푸른사상, 2018)에서 민달팽이는 '서둘러 나오느라 옷도 걸치지 못해 미안하다'고 하고, 집달팽이는 '집을 가져왔는데 들어오라고 하지 못해서 미안'하다고 말한다. 집에 혼자 남아 있는 강아지는 내가 돌아오면 어떤 말을 해주고 싶었을까? 10cm의 노래 「pet」에서는 강아지가 늦게 들어온 나를 향해 '지금 몇 신데 어딜 갔다 이제 오냐'며 '혼자 있는 내 생각은 안 하는 거냐'고 투덜거린다.

내가 아닌 것이 되어보기

이처럼 오늘의 수업에서는 내가 아닌 다른 존재가 되어볼 것이다. 그 대상은 사물이어도 좋고, 동물이나 식물이 되어도 좋다.

대상을 정했으면 이제 그 대상의 관점에서 세상을 바라보자. 그 대상의 눈, 코, 입, 귀, 손을 상상해보자. 그 대상의 눈에는 세상이 어떻게 보일까? 그 대상의 귀에는 어떤 소리가 들릴까? 그 대상이 보는 세상은 인간이 보는 세상과 무엇이 다를까?

예를 들어, 강아지의 눈으로 세상을 바라보는 것이다. 강아지는 멀리 있는 물체를 잘 보지 못하고 초점도 잘 맞지 않아서 세상이 뿌옇고 흐리게 보인다. 키가 작아서 시야가 바닥에 붙어 있다. 볼 수 있는 색깔이 몇 개 없어서 세상이 거의 흑백처럼 보인다. 하지만 어두운 곳에 있을 때나 움직이는 것을 볼 때는 사람보다 훨씬 더 잘 볼 수 있다.

이렇게 대상이 가진 특성을 떠올렸다면, 그러한 특성으로 인해 그 대상이 '세상에 대해 어떤 감정과 생각을 가지고 있을지' 고민해본다. 시적 상상력이 발휘되는 순간이다.

잘 보이지 않는다	사랑하는 사람들을 잘 못 보는 건 아쉽지만, 날 싫어하는 사람들의 화나고 찡그린 표정도 잘 보이지 않아서 그건 다행이다.
시선의 높이가 낮다	나도 주인이랑 같이 손잡고 눈 맞추면서 걷고 싶은데 그렇게 하지 못해서 속상하다.
야간 시력이 좋다	어두울 때 위험하니까 내가 지켜줘야지.

정해진 정답은 없다. 지금, 이 순간만큼은 내가 곧 강아지이기 때문에 내 생각이 정답이다. 머리끝부터 발끝까지 강아지가 되었다고 상상해보자. 인간의 입장에서 바라보는 강아지가 아닌 고유한 한 마리 강아지의 입장이 됐을 때 드는 생각과 느낌을 기록해보자. 그중에서 내가 시로 나타내고 싶은 부분을 선택하고, 이를 시로 표현해보자. 다음은 학생들이 내가 아닌 다른 대상이 되어 써본 시 예시이다.

「핸드폰」

성준호

핸드폰 좀 해볼까?

살려줘!
배터리가 1퍼센트밖에 안 남았단 말이야!

충전기에 꽂혀

이제 좀 쉬려고 하는데

그새를 못 참고

또 게임을 하려는 너

아직 10퍼센트밖에 충전 안 됐잖아!

더 이상 못 참아

버퍼링 투입!

뭐야 왜 이러는 거야?

10년 동안 날 괴롭혔으면

이제 그만 날 내버려둬!

「난 너의 연예인」

　　　　　김민예

수업할 때 노래 부를 때 게임할 때

사람들은 나를 찾는다

그래서 나는 목소리가 항상 바뀐다

나를 다 쓰고 돌아가려고 하면

같이 더 놀고 싶어 소리를 낸다

삐이이익!

이런 내 마음도 모르고

아 시끄러워!

귀를 막으며 날 멀리 둔다

내가 싫은 걸까 생각도 해봤지만

또 나를 찾아줄 때면

기분이 다시 좋아진다

사람들이 나랑 자주 놀아주면 좋겠다

수업할 때 노래 부를 때 게임할 때 말고도

「몽당연필」

김가빈

한때는 키가 컸었지

어느 순간부터 키가 줄더라

도대체 날 어떻게 했길래

기분 나빠

하필이면 왜 학생을 만나서

샤프를 살 것이지 왜 날 산 거야

겨우 책상 위에서 쉬고 있으면

이젠 칼싸움하며 날 아프게 해

나도 한 대라도 쳐봤으면

난 내 휴가 날만을 기다려

방학에는 더 이상 날 찾지 않거든

이렇게 계속 줄어들다 보면

언젠간 날 찾지 않겠지

휴가가 많아질 거야

난 그날만을 기다리며 숨을 쉴 거야

다른 대상이 되어 표현하기의 효과

내가 아닌 다른 대상이 되어 세상을 바라보고, 이를 바탕으로 생각하고 감정을 느껴보는 것에는 여러 가지 교육적 효과가 있다.

먼저, 비유법과 관련하여 '의인법'을 배울 수 있다. 내가 아닌 다른 대상이 되어 그 대상이 하는 말, 행동, 생각을 적기 위해서는 그 대상의 관점에서 세상을 바라보고 서술해야 한다. 그러기 위해서는 대상이 사람처럼 생명력을 지녀야 한다. 즉, 사람이 아닌 것을 사람처럼 표현해야 하는 것이다. 이를 통해 아이들은 자연스럽게 의인법을 익히게 된다.

「빨리 싸!」

박지우

난 어느 집에나 있다
우리 집 주인은 나에게 밥을 안 준다
밥도 안 줄 거면서
괜히 앉아 날 힘들게 하는
우리 주인

그러다 가끔씩
한꺼번에 많은 양의 밥을 줘서

내 목을 막히게 한다

우리 주인은 정말 나쁘다
나도 하루에 한 번씩
맛있는 밥 좀 먹어보자!

내가 변기가 되면 변기가 곧 사람이 되는 것이나. 그러므로 변기에게 대변은 '맛있는 밥'이 되고, 변기가 막히는 건 '밥을 한꺼번에 넘기느라 목이 막히는 것'이 된다. 이처럼 아이들은 언제, 어떻게 의인법을 사용해야 하는지를 직접 경험할 수 있다. 인간 중심적으로 표현된 시어나 문장 구조 등을 대상에 맞게 바꾸어야 한다는 것도 자연스럽게 알게 된다. 또한 의인법을 사용하였을 때 나타나는 효과도 느껴볼 수 있다.

다음으로, 학생이 평소 가지고 있는 생각이나 감정, 고민거리, 가치관 등을 파악할 수 있다. 똑같은 물컵을 보고도 어떤 사람은 '물이 반이나 남았네'라고 생각하지만, 어떤 사람은 '물이 반밖에 없네'라고 말하기도 한다. 이처럼 사물에 대한 인식은 그 사람이 평소 가진 가치관이나 생각을 반영한다. '물이 반이나 남았네'라고 생각하는 사람은 긍정적이고 낙천적인 사람이지만, '물이 반밖에 없네'라고 말하는 사람은 부정적이고 불평불만이 많은 사람일 것이다.

이처럼 나의 기분이나 감정 역시 그 대상에 이입되기도 한다. 똑같은 새소리를 들어도 기분이 좋을 때는 새가 노래하는 것처럼 들리지만, 기분이 나쁠 땐 시끄럽고 성가시기만 하다. 내 감정에 따라 새가 울 때도 있고, 소리 지를 때도 있고, 지저귈 때도 있다. 따라서 아이들이 대상을 어떻게 묘사하는지, 대상을 통해 무엇을 말하는지를 보면 평소 아이들이 가지고 있던 생각이나 감정을 미루어 짐작할 수 있다.

「지우개」

허유빈

쓸수록 작아지는 나
맨날 떨어져서 부서지는 나
그 모습이 부끄러워 어딘가로 숨어버리는 나

나를 찾는 너
구석구석 찾아보는 너
드디어 나를 찾은 너

실수할 때면 가장 먼저 날 찾는 너
난 너의 든든한 파트너
틀려도 괜찮아
수고했어 오늘 하루도

이 학생은 아마도 평소에 자꾸만 실수하는 자기 모습이 부끄러워 숨어버리고 싶을 때가 있었던 것 같다. 그래서 지우개처럼 누군가가 자신에게 '틀려도 괜찮아, 수고했어'라는 위로를 해주기를 바랐는지도 모른다. 이런 생각이 '지우개'라는 대상을 통해 표출되었다. 내가 위로받고 싶으니, 지우개가 위로하는 것처럼 보이는 것이다.

　아이들 중에는 자신의 감정이나 생각을 직접적으로 표출하는 것을 불편해하는 경우가 있다. 이때 「지우개」처럼 다른 대상을 매개로 활용하여 시를 쓰면 그 부담감을 줄여줄 수 있다. 내가 아닌 다른 대상의 이야기를 하고 있다고 생각하면 자신의 이야기를 좀 더 솔직하게 꺼내놓기 때문이다. 하지만 시를 읽는 교사는 그 속에 담긴 아이들의 진짜 이야기를 알아챌 수 있어야 할 것이다.

3
당연한 것에 의문 가지기

　왁자지껄한 쉬는 시간. 아이들의 이야기 소리가 마구 뒤섞인다. 그 소란스러움을 뚫고 한 대화가 귀에 들어온다. 평소에도 엉뚱한 질문을 자주 하는 아이가 오늘도 의문을 제기한다.
　"근데 10월은 왜 십월이 아니라 시월이야?" 그 말을 들은 주변 아이들은 "야, 시월이 시월이지 왜긴 왜야." 하고 말하며 한 귀로 듣고 한 귀로 흘려버린다.
　하지만 그 순간, 나는 머리를 한 대 얻어맞는 것처럼 멍해졌다. 아, 이 아이는 바로 '시인의 눈'으로 세상을 바라본 것이다. 당연한 것을 당연하게 보지 않는 것, 당연한 것에 의문을 가지는 것, 그리고 자기 나름대로 해답을 찾아보는 것. 그것이 바로 시인이 하는 일이고, 우리 아이들이 시를 통해 배워야 하는 삶의 자세다.
　나도 이 아이에게 대답이 될 만한 것을 찾아보기 위해 국어사전이나 맞춤법 규정이 아닌 '동시집'을 펼쳐보았다. 그리고 김보람의 「유월」(『까무

룩, 갑자기 아득해져요』, 좋은꿈, 2022)이라는 시를 발견하게 되었다.

이 시에서는 6월이 '육월'이 아닌 '유월'인 이유가 6월에는 '잊고 싶은 아픈 '기억(ㄱ)'이 많아서'라고 말한다. 그렇다면 '시월'에서 'ㅂ'은 어디로 갔을까? 사라진 'ㅂ'에게는 어떤 사연이 있었던 것일까?

어쩌면 이 세상을 만든 건 시인일지도 몰라

쉬는 시간 아이들의 대화에서 시작된 물음을 '시'로 풀어보고자 한다. '10월은 왜 시월일까?'처럼 당연하다고 생각해오던 것에 의문을 갖고, 나름대로 그 이유를 찾아보는 것이다. 이처럼 기존의 사고에 의문을 제시하는 기발한 시들을 몇 편 더 살펴보자.

손동연의 시 「빗방울은 둥글다」(『참 좋은 짝』, 푸른책들, 2004)에서는 '만약에 빗방울이 세모나 네모면 새싹이나 풀잎이 아프기 때문에' 빗방울이 둥글다고 말한다. 류경일의 시 「23.5도」(『별이 다가왔다』, 브로콜리숲, 2021)에서는 지구가 '누군가를 기다리고 그리워하다가 그 그리움만큼 23.5도 기울어져 있다'고 한다. 권오삼의 「한글 자음들」(『라면 맛있게 먹는 법』, 문학동네, 2015)에서는 '혼자 있기 외로워 결혼해서' 'ㄳ, ㄵ, ㄶ, ㅄ, ㄺ, ㄻ, ㄼ, ㄽ, ㄾ, ㅀ'과 같은 겹자음이 되었고, 'ㄲ, ㄸ, ㅃ, ㅆ, ㅉ'는 쌍둥이로 태어나서 '쌍자음'이 되었다고 이야기한다.

물론 '6월'을 '유월'이라고 읽는 데에는 분명히 문법적인 이유가 있을 것이다. 물방울이 둥근 것에도 명백한 과학적 원리가 숨어 있을 것이다.

하지만 이런 사실은 중요하지 않다. 시인들이 사는 세상에서는 6월에는 잊고 싶은 '기억'이 많아서 'ㄱ'이 지워진 것이고, 새싹이랑 풀잎이 아플까 봐 물방울이 둥글어진 것이다. 어쩌면 이 세상을 이렇게 만들어낸 건 시인들인지도 모르겠다. 우리도 이제 시인의 눈으로 세상을 바라보는 연습을 해보고자 한다.

당연하지만 당연하지 않은

당연하다고 생각하고 무심코 지나쳤지만, 따지고 보면 당연한 것이 아닐 수도 있는 우리 주변의 것들을 떠올려본다. 하지만 여기서 말하는 '당연함'이란 다음과 같은 '당연함'을 의미하는 것은 아니다.

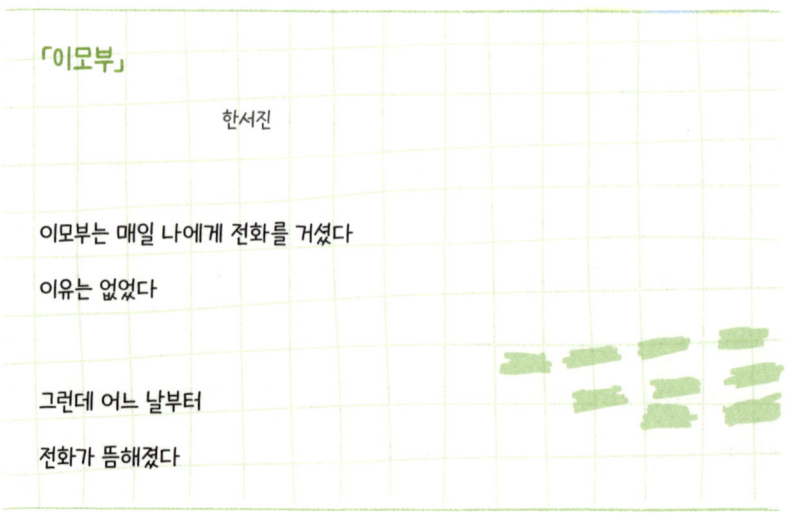

「이모부」

한서진

이모부는 매일 나에게 전화를 거셨다
이유는 없었다

그런데 어느 날부터
전화가 뜸해졌다

> 나는 하염없이 기다렸다
>
> 나는 그 전화가 당연하다고 생각한 것이었다

실제로 오늘 주제를 이렇게 오해하고 시로 쓴 아이들이 꽤 많았다. 위 시는 '당연하다고 생각했던 이모부의 사랑에 대한 소중함'을 주제로 하고 있다. 하지만 여기에는 '왜'라는 의문이 빠져 있다.

오늘 시로 풀어낼 '당연함'에는 반드시 우리가 미저 몰랐던 '숨겨진 이유'가 있어야 한다. '왜 그렇지?'라는 물음표가 머릿속에 그려져야 한다. 나아가 우리는 상상력을 총동원해 그 이유를 발견해내야 한다. '그럴 수도 있겠네'라고 다른 사람들의 고개가 끄덕여져야 한다. 〈그것이 알고 싶다〉나 〈꼬리에 꼬리를 무는 그날 이야기〉 같은 프로그램이 사건의 숨겨진 이야기를 찾아나가는 것처럼 말이다.

대화를 통해 이끌어내기

당연하다고 생각했던 것을 낯설게 바라보는 게 아이들에게 익숙한 일이 아닌 만큼, 발상 단계에 매우 많은 시간이 소요되었다. 그런데다 앞서 말한 것처럼 주제 자체를 오해해서 다시 쓰느라 시간이 더 많이 소요된 경우도 빈번했다. 다음 시 역시 오늘의 주제를 잘못 이해하고 쓴 작품이다. "왜?"라는 의문을 던짐으로써 자기만의 낯선 지점을 발견하기보다 '별과 '달'에 대한 기존의 관점을 그대로 차용했기 때문이다.

「당연하지 않은 것들」

박지우

당연하게 생각했던 별들이 없으니
나는 너무나도 외로운 사람이더라

당연하게 생각했던 달들이 없으니
나는 빛나는 사람이 아니더라

당연하게 생각한 것들이 사라지는 순간
그 순간의 내가 가장 비참하더라

이 학생에게는 주제를 재차 설명해주고 다시 써보자고 했다. 하지만 이미 한 번 시행착오를 겪은 바람에 새로 적을 시가 또 주제와 어긋날까 봐 걱정하는 눈치였다. 그래서 시로 쓰기 전에 아이디어만 먼저 간단하게 적어서 보여달라고 제안했다. 그러자 얼마 후 그 학생이 내게 이런 메모를 적어 왔다.

> 별은 왜 하늘에만 있을까?
> - 별은 항상 예쁨받고 싶은데, 땅에 있으면 '너무 밝다고 사람들이 피하면 어쩌지'라는 생각이 들어서 그런 건 아닐까?

앞서 쓴 시보다 훨씬 아이디어가 좋아졌다. 이 학생은 자기가 적었던 시 중에서 '별'에 대해 좀 더 깊이 고민해보고 자신의 생각을 펼쳐보았다. 이번에는 상상력이 잘 작용했다. 지금 그대로도 충분히 멋진 생각이다. 하지만 곧장 "좋아! 이제 자리에 돌아가서 시로 써볼까?"라고 말하는 대신 아이와 몇 마디 대화를 더 나눠보았다.

교사: 별은 왜 예쁨받고 싶은데 사람들로부터 멀리 가게 된 거야?
학생: 왜냐면 저렇게 먼 하늘 위에 있어도 별은 정말 밝잖아요. 그러니까 별이 사람 가까이에 있으면 눈이 아플 만큼 엄청 밝고 뜨거울 거예요. 그러면 사람들이 자기를 싫어할수도 있고, 자기가 사람들에게 피해를 줄 수도 있잖아요. 그래서 저 멀리 하늘에 있게 된 것 같아요.
교사: 사람들에게서 멀리 떨어져 있기. 그게 별 나름대로 사랑받기 위해 터득한 방식이었구나. 또 별 나름대로 사람을 사랑하는 방법이기도 하고. 그러면 하늘에서 사람들을 바라보는 별은 어떤 감정이 들 것 같아?

3. 당연한 것에 의문 가지기

학생: 음, 사람들이 '밤하늘에 별이 반짝반짝하고 예쁘네' 라고 생각해줘서 행복할 것 같아요. 그런데 한 편으로는 쓸쓸한? 마음이 들 것 같기도 해요.

교사: 왜 그렇게 생각했어?

학생: 내가 아무리 밝고 뜨겁다고 하더라도 가까이에서 그런 나를 사랑해줄 사람이 있으면 좋을 텐데 별은 멀리 있어야만 사랑받을 수 있잖아요. 그래서 행복하지만 동시에 쓸쓸한 마음도 들 것 같아요.

교사: 우와, 정말 멋진 생각이다! 네가 해준 말을 들으면서 선생님의 머릿속에도 진정한 사랑이란 무엇일까에 대한 고민이 드는구나. 방금 한 말도 추가해서 시로 나타내보면 어떨까?

대화를 마친 뒤 이 학생은 다음과 같은 시를 썼다.

「별」

박지우

항상 밤하늘 저 멀리 있는 별
이쁨받고 싶어 땅으로 내려오면
너무 밝아 사람들에게 피해 줄까 싶어

꾹꾹 참는 별

그렇게라도 자신을 보여주고
멀리서라도 사랑받을 수 있어서 기쁠까?

아니면
아무리 밝고 뜨거워도
가까이서 날 사랑해주는 사람은 없는 걸까 하며
자기 혼자 쓸쓸해하고
자기 혼자 울진 않을까

    교사와 나눈 대화를 통해 '행복하면서도 쓸쓸한' 별의 마음을 발견하게 된 학생은 이를 시에 담았다. 아이가 처음에 써왔던 메모보다 훨씬 더 깊이 있는 작품이 된 것이다.

    교사가 학생 작품의 내용에 대해 교정적 피드백을 제공할 때는 직접적으로 내용을 교정하는 방식을 지양하고, 절대 자신의 의견을 먼저 제시하지 말아야 한다. "선생님 생각에는 별이 행복하지만 동시에 쓸쓸하기도 할 것 같아. 사랑하는 사람의 곁에 있을 수 없잖아. 그렇지 않아?" 하고 교사의 생각을 은근슬쩍 강요하며 고정된 답을 유도해선 안 된다.

    학생들에게 교사라는 존재가 가지는 권위는 막강하다. "선생님 생각은 이런 것 같은데 넌 어때?"라는 질문에 "저는 그렇게 생각하지 않아요"

라고 말할 수 있는 학생은 거의 없다. 대부분 "저도 그런 것 같아요" 하고 교사의 의견을 그대로 따른다. 그러고는 자리로 돌아가 그것이 마치 자기 생각인 양 글을 쓴다.

학생들의 작품은 온전히 학생 자신의 것이어야 한다. 따라서 교사는 자기 생각이나 감정이 학생의 작품에 개입되는 것을 경계해야 한다. 그 대신 단계적인 대화를 통해 아이들의 내면에 있는 생각이나 감정들을 꺼내줄 수 있어야 한다.

또한 시 쓰기에 부담감이나 긴장감을 가진 학생들에게는 위와 같이 시 쓰기 전 단계에 미리 피드백을 주는 것도 좋은 방법이다. 교사와의 대화를 통해 자신이 떠올린 생각과 감정에 대한 확신이 생기면 시 쓰기에 좀 더 자신감을 가지고 시작할 수 있기 때문이다.

물음표와 느낌표를 연결해주는 상상의 힘

이번 주제는 아이들이 생각보다 많이 어려워했다. 인터넷이나 유튜브에서 쏟아지는 수많은 정보를 아무런 의문 없이 그대로 받아들이기만 한 아이들에게 이러한 경험은 매우 낯설 것이다. 왜 이런 공식이 나왔는지, 왜 이런 실험 결과가 나오는지도 모른 채 학원에서 단편적인 지식만 미리 달달 외워오는 데 익숙해져 그럴 수도 있다.

이런 우리 아이들의 머릿속에는 좀처럼 물음표가 떠오르지 않는다. 그래서 오늘 수업을 통해 자신을 둘러싸고 있는 주변을 주의 깊게 관찰한 후 의도적으로 물음표를 띄워보도록 했다. 그러고 나서 다른 사람들이 '아하! 그럴 수도 있겠네'라며 동의할 수 있는 그럴싸한 이유도 만들어보라고 제시했다. 이 물음표와 느낌표를 연결해주는 것이 바로 '상상의 힘'이고, 이런 상상력을 기르는 걸 도와주는 좋은 매개체가 바로 '시'와 같은 문학 작품이다.

문학 작품을 감상할 때도 수많은 상상력이 요구된다. 등장인물의 감정이 어떨지, 나라면 어떻게 했을지, 뒷이야기는 어떻게 될지 등을 상상하면서 문학적 상상력을 높일 수 있다. 하지만 문학 작품을 직접 창작하는 것에는 그보다 훨씬 높은 수준의 상상력이 요구된다. 오늘 수업처럼 아이들이 새로운 이치가 적용되는 새로운 세상을 직접 만들어내야 하기 때문이다.

따라서 오늘 주제를 유난히 어려워하는 학생들은 잘 기억해두었다가 평소에 문학 작품을 읽는 경험을 충분히 제공해줄 필요가 있다. 꼭 시가 아니어도 좋다. 동화책이나 그림책도 괜찮다. 타인의 눈을 빌려 세상을 새롭게 바라보는 연습을 반복적으로 해나가면 어느새 세상을 바라보는 자신만의 시선도 길러져 있을 것이다. 다음은 저마다의 고유한 시선으로 당연한 것을 재해석해 쓴 학생들의 시 예시이다.

「기둥」

김가빈

항상 일자로 곧게 뻗은 기둥

꿋꿋하고 당당하게
세상에 굴복하지 않고 서 있는 나처럼

모든 사람들이
세상에 지쳐버린 몸 다시 일으켜 세우면,
나를 보고 다시 일어나는 사람을 보면

난 기분이 너무 좋기 때문이야

「가장 빛나는 별, 초신성」

최다은

새로운 별이 태어나는 것 같다는 별
사실 수명이 다한 별이 내뿜는 빛

저 별은 왜 수명이 다했을 때
가장 아름답고 밝게 빛나는 걸까

외로워서 그랬던가?
아니야, 아니야 사실은……

가장 아름답고 행복한 저 별이
수명이 다할 때 즈음에
자신이 안고 있던 행복들을 놓아준 거야
미련 없이 아름답게

가장 빛나던 그 별의 빛들은
이제 어디로 갔을까?

「산은 왜 뾰족해?」

허유빈

사람들은 자꾸 날 아프게 해
내가 아프다고 해도
내 말을 무시한 채
사람들은 내가 아픈지도 모르지

사람들아 나무 좀 그만 가져가
내가 숨을 쉴 수 없잖아
내 몸에 불 좀 그만 내
내 가족들이 없어지잖아

그래서 정상을 뾰족하게 만든 거야
고슴도치처럼 내 몸을 세워
사람들이 오는 걸 막는 거야

그런데도 사람들은 자꾸 날 아프게 해
내가 아프다고 말해도
내 말을 무시한 채

4
물건을 통해 나타내기

　물건은 그것을 쓰는 사람을 닮아 있다. 그래서 물건만 봐도 그 주인이 어떤 사람인지를 알 수 있다. 유난히 바닥 바깥쪽이 닳은 신발을 보면 '그 신발을 신는 사람이 팔자걸음을 하며 걷는구나'라고 짐작해볼 수 있다. 한쪽으로 휘어져서 비뚤어진 안경을 보면 '안경을 쓰고 자주 옆으로 누워 있는 사람의 것이구나'라고 추측해볼 수 있다. 그렇다면 배한권의 시 「엄마의 런닝구」(『엄마의 런닝구』, 보리, 1995) 속에 등장하는 '엄마의 런닝구'라는 물건을 통해서는 엄마가 어떤 사람이란 걸 알 수 있을까?

　엄마는 콩만 한 구멍도 아닌, 대접만 한 구멍이 난 다 떨어진 런닝구를 입는다. 이런 엄마의 런닝구를 보면 엄마는 평소에 절약하고 물건을 아껴 쓰는 사람이라는 것을 알 수 있다. 그러면 엄마는 왜 이렇게까지 돈을 아끼려는 것일까? 아이들에게 질문했더니 "아마도 그 돈으로 우리 맛있는 반찬 해주고, 좋은 거 사주려고요"라는 대답이 돌아왔다. 아이들 말처럼 '엄마는 가족들에게 더 좋은 것을 해주기 위해 자신은 조금이라도 더 돈을 아끼려는구나'라고 추측해볼 수 있다. 그러면 아빠는 엄마의 런닝구를 왜 쭉쭉 째버렸을까? 아마도 런닝구 한 장 새로 사 입지 않고 억척스럽게 사는 엄마가 안쓰러워서 그랬을 것이다. 늘 가족을 위해 희생하는 엄마를 보며 속상하고 미안하기도 하고, 그런 엄마를 잘 챙겨주지 못한 자신이 부끄러워졌을 수도 있다.

이번 장에서는 물건을 매개로 그 물건을 쓰는 사람을 나타내보고자 한다. 「엄마의 런닝구」에서 시인은 엄마가 어떤 사람인지에 관해 단 한마디도 언급하지 않았다. 그 대신 '엄마의 구멍 난 런닝구'라는 물건만 제시했을 뿐이다. 하지만 이 시를 읽는 독자들은 엄마의 런닝구를 통해 그 속에 담긴, '물건을 아껴 쓴다' '돈을 절약한다' '가족을 사랑한다'와 같은 엄마의 특징을 찾아낼 수 있다.

대상과 물건 구체화하기

물건을 통해 대상을 나타내는 시 쓰기를 할 때는 시 속에서 내가 직접 말하지 않는다. 내가 하고 싶은 말을 물건을 통해 간접적으로 전달해야 한다. 시를 진행해줄 사회자가 내가 아닌 '물건'이 되는 것이다.

시적 화자가 앞장서서 '이 사람은 어떤 사람이다' 설명해주지 않는다. 대상에 대한 생각이나 감정을 표출하지도 않는다. 그 대신 시적 화자는 뒤로 물러나 있고 그 자리에 물건만 제시해준다. 그리고 뒤에서 그 물건에 관한 묘사만 해준다. 이를 통해 독자가 물건만 보고도 그 물건의 주인이 어떤 사람인지, 그리고 시적 화자가 그 사람에게 어떤 생각과 감정이 있는지를 알아차릴 수 있어야 한다.

　이를 위해 시를 쓰기 전 자신의 의도를 명확하게 정해야 한다. 그래야 내가 전달하고 싶은 내용이 번지수를 잘못 찾아가는 일이 발생하지 않는다. 그래서 나는 아이들에게 다음과 같은 학습지를 나누어주고 시를 쓰기 전 내용 구성을 단계적으로, 꼼꼼히 할 수 있도록 했다.

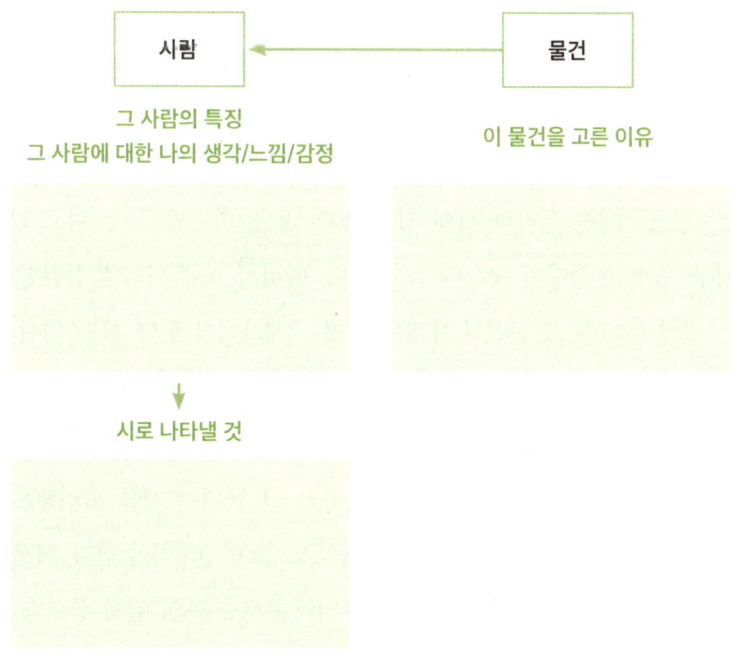

　먼저 내가 나타내고 싶은 사람을 정한다. 가족이나 친구, 선생님과 같은 주변 사람도 좋고 자기 자신을 대상으로 해도 좋다.

　대상을 정했다면 그 사람의 특징을 생각해본다. 내가 그 사람에 대해 평소 갖고 있는 생각이나 느낌까지 생각나는 대로 최대한 자세히 적어야 한다.

  대상의 특징을 충분히 떠올렸다면 그중에서 시로 나타낼 것을 초점화하는 과정이 필요하다. '정이 많고, 가족을 아끼고, 부지런하고, 용감하고, 절약을 잘하고, 손재주가 좋고, 고마운 엄마'와 같이 내가 떠올린 모든 특징을 다 시로 나타내는 것이 아니다. 사물을 매개로 시를 쓸 때는 대상에 대해 직접 설명해줄 수 없다. 지나치게 많은 내용을 전달하려고 하면 나와 독자 사이에서 '배달 사고'가 나기 십상이다. 따라서 떠올린 내용 중 한두 가지만 초점화해서 그 특징을 분명하게 나타낸다.

  대상에 대한 구체화가 완료되었다면 이제 물건을 구체화할 차례이다. 그냥 '런닝구'에는 엄마의 삶이 담겨 있지 않다. 하지만 '구멍 나고 낡은 런닝구' 속에는 엄마의 모습이 녹아 있다. 따라서 시에 나타낼 물건만 고르는 것이 아니라 그 물건의 특징도 함께 구체화해야 한다. 물건 역시 그 물건의 여러 가지 특성 중에서 대상의 특징을 대변해줄 수 있는 한두 가지의 특성만 '타깃'으로 정하여 명료화해야 한다.

  대상과 물건에 대한 구체화가 끝났다면 그 둘의 관계를 확인해본다. 이때 대상과 물건의 특징이 서로 유기적으로 잘 연결되어야 한다. 사물을 통해 내가 의도한 대상의 특징이 잘 드러나는지도 주의 깊게 살핀다. 이를 바탕으로 추가하거나 수정해야 할 것을 찾아본다. 다음은 '하다 만 십자수'라는 물건을 매개로 '아빠'의 특징을 나타낸 예시이다.

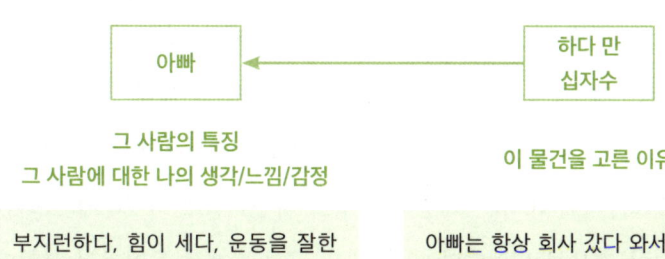

시로 표현하기

내용 선정이 끝났다면 이를 바탕으로 시로 나타내보자. '아빠의 하다 만 십자수' '할아버지의 모든 게 큰 핸드폰' '엄마의 사진 가득한 카메라' '아빠의 다 뜯어진 배드민턴 채' '아빠의 새똥 묻은 자동차'를 통해 아이들이 나타내고 싶었던 건 무엇일까?

아이들이 시 쓰기 전 내용 구성 단계에 어려움을 겪는다면 다음 페이지에 제시한 학생 작품들을 활용할 수 있다. 이전 단계에 있는 학습지를 활용해 예시 작품 속에 나타난 사물의 특징과 대상의 속성을 직접 찾아보고, 그 둘의 관계를 서로 연결 지어보는 활동을 한다. 이를 여러 번 반복하면서 사물과 대상의 관계를 어떻게 형성해야 하는지 익힌다.

활동을 하며 아이들에게 핵심은 '대상과 사물의 구체화'라는 점을 한 번 더 강조해주자. 예시 작품 속에 제시된 물건들은 그 특징이 매우 명료하고 구체적이다. 그 모습이 머릿속에 선명하게 그려진다. 이러한 이미지화를 통해 나타내고자 하는 대상의 특징도 자연스럽게 머릿속에 그려진다. 이 연습이 충분히 되었다면 다시 내용 구성 단계로 돌아가서 본인만의 내용을 떠올려본다. 다음은 물건을 통해 대상을 나타낸 학생 시 예시이다.

「하다 만 십자수」

김보경

아빠의 하나뿐인 취미
십자수

항상 회사 갔다 돌아오시면 9시
10시는 돼야 시작하는 십자수

나와 놀아주며
주말에도 항상 하시는
십자수

계속하고 싶지만

내일 회사도 가야 하고 피곤해서

늘 하다 마는 십자수

이 정도는 금방 하지!

자신하시던 아빠가

2년이 지나서야 완성한 십자수

비싼 액자 대신에

둘둘 말려 옷장 속에 있는

아빠의 십자수

「모든 게 큰 휴대폰」

김민예

엄청 큰 글자의 휴대폰으로

나랑 오빠 사진 보내주는 할아버지

여전히 큰 글자로 된 카카오톡에선

내가 알려드린 기능 또 잊어버린 할아버지

엄청 큰 벨소리에도
당장 못 듣고 내가 전해줘야 받는 할아버지

안경 도수도, 휴대폰도, 보청기도, 마음고생도
모든 게 큰 우리 할아버지

「사진 가득한 카메라」

이온유

방에서 발견한
사진 가득한 카메라

언니 아빠 내 사진만 있는
사진 가득한 카메라

엄마 사진은 하나도 없는
사진 가득한 카메라

엄마 사진은 볼 수 없는
사진 가득한 카메라

「다 뜯어진 배드민턴 채」

　　　　　한서진

토요일 아침 일찍
나는 아빠랑 배드민턴을 친다

항상 아빠는 다 뜯어진 채 쓰며
나는 좋은 거 쓰라 한다

엄마가 한 개 사라 해도
아직 멀쩡하다며 계속 쓰는 아빠

배드민턴 다 치고 난 뒤
아빠 손은 상처만 남았다

「새똥 묻은 자동차」

　　　　　이서연

회사 잘 다녀오라고 인사하는 우리 가족
회사 다녀오는 아빠 차에 묻어 있는 새똥

세차 안 하냐고 물어보면

나중에 할 거다 라고 하는 아빠

세차하러 가는 대신

우리가 학교에 늦었을 때

우리가 아파서 병원 갈 때

새똥 묻은 차로 태워주는 아빠

비유와 헷갈리지 않기

　오늘의 주제인 '물건을 통해 나타내기'를 '비유하기'와 헷갈려하는 아이들이 있었다. 다음 예시 작품들 속에도 '동생과 공짜 아이스크림', '친구의 웃음소리와 선풍기'라는 물건과 대상의 관계가 나타나 있다. 얼핏 보면 오늘의 주제에 맞는 것처럼 보인다. 하지만 이는 대상을 그와 비슷한 사물에 빗대어 나타낸 '비유하기'일 뿐이다. 오늘의 주제는 사물에 '빗대어' 나타내는 것이 아니라 사물을 '통해서' 드러내는 것이다. 이어지는 두 편의 시는 '비유하기'를 활용해 쓴 학생 시 예시로, 오늘의 주제를 더 잘 파악하기 위해 참고해보도록 한다.

「공짜 아이스크림」

성준호

너무 많이 먹으면
이가 시린 아이스크림

너무 급하게 먹으면
머리가 아픈 아이스크림

적당히 먹으면
즐거움을 주는 아이스크림

내 동생은 아이스크림
언제나 공짜로 즐길 수 있는
공짜 아이스크림

「친구의 웃음소리」

허유빈

내 친구의 웃음소리는 선풍기 같다

약풍처럼 조용하고 시원한 소리

강풍처럼 빠르고 시원한 소리

태풍처럼 강하지만 시원한 소리

때론 약풍처럼 조용하지만 태풍처럼 강하다

이처럼 '물건을 통해 나타내기'와 '비유하기'를 헷갈려하는 아이들에게는 다음과 같은 두 가지 조건을 이어서 확인해보라고 안내한다.

첫 번째로는 '그 물건이 평소 그 사람이 가지고 있는 소지품인가?'를 살피는 것이다. 아이스크림과 선풍기는 대상의 소유물이 아니라 일반적인 대상이다. 그에 비해 배한권의 시 속에 등장하는 엄마의 런닝구는 엄마가 평소에 늘 입는 엄마만의 물건이다. '런닝구'라는 단어의 범주에는 여러 가지 런닝구들이 포함되어 있다. 그중에서 '엄마의 구녕 난 런닝구'만 가져오는 것이다. 오늘의 물건으로는 바로 이런 것을 가져와야 한다.

두 번째로는 '내가 나타내고자 하는 사람이 사물 뒤에 숨겨져 있는가?'를 확인하는 것이다. 비유하기에서는 내가 나타내고자 하는 대상과 이와 비슷한 물건, 즉 원관념과 보조관념이 모두 시 속에 드러난다. 하지만 오늘 쓰고자 하는 시에서는 원관념은 숨어 있고 보조관념만 시의 전면에 등장해야 한다. 일종의 '상징'인 셈이다.

위 시를 다시 보면 동생(원관념)과 아이스크림(보조관념), 친구의 웃음소리(원관념)와 선풍기(보조관념)가 모두 시 속에 잘 드러나 있다. 하지만 「엄

마의 런닝구」에서는 '엄마의 가족에 대한 사랑과 아끼고 절약하는 자세'
라는 원관념이 시 속에 직접적으로 드러나지 않고 숨어 있다. 시 속에는
오로지 엄마의 런닝구만 등장하며, 독자는 이를 보고 원관념을 유추해야
한다. 따라서 아이들에게도 내가 나타내고자 하는 사람의 특징이 직접적
으로 드러나 있는지, 물건 뒤에 숨이 있는지를 확인해보라고 안내한다.

대상을 통해 나타내기의 효과

시는 개인의 생각이나 감정을 표현하는 서정 문학이다. 하지만 이러한 감정이 나 혼자만의 것이 아니라 우리 모두의 보편적인 감정이라면 어떨까? 읽는 이로 하여금 공감과 이해를 이끌어내어 더 깊은 울림을 만들어낼 수 있을 것이다. 이를 위해 시인은 자신이 왜 그런 생각이나 감정을 느꼈는지 독자를 이해시킬 수 있어야 한다. 이러한 측면에서 시도 일종의 '설득하며 말하기'인 셈이다.

하지만 시는 설명문이나 논설문처럼 장황하게 설명하거나 논거를 제시할 수 없다. 그래서 시인은 시 속에 여러 가지 장치를 사용한다. '물건을 통해 대상을 나타내는' 방법도 그중 하나로 작용할 수 있다.

독자가 스스로 느낀 감정은 시인이 직접 제시하는 감정보다 훨씬 더 효과가 있다. 시는 '늘 우리 가족을 위해 늦게까지 일하고 오시는 아버지께 미안하고 감사하다'라는 마음을 직접 서술하지 않는다. 대신 '아빠의 하다 만 십자수'라는 대상만 제시한다. 다시 말해, 감정을 말해주지 않

고 대상만 보여준 것이다. 그 대상을 본 독자는 대상에 관한 생각이나 감정을 마음속에서 스스로 만들어낸다. 이는 시인이 주입한 감정이 아니라 독자의 마음에서 일어난 감정이다. 본인의 사고 과정을 통해 직접 느낀 감정이므로 훨씬 더 설득력이 강하고 깊이 이해할 수 있어진다. 즉, 독자의 더 강력한 공감을 이끌어낼 수 있는 것이다. 우리 아이들도 오늘 수업을 통해 자신의 감정을 효과적으로 전달하는 방법을 고민해볼 수 있는 기회가 되었기를 바란다.

5 인터뷰한 내용으로 쓰기

내 경험과 감정을 아무리 떠올려봐도 도저히 내 안에서 시 쓸 내용을 찾지 못할 때가 있다. 그럴 때는 주변 사람들과 이야기를 나누고, 그 사람이 겪었던 경험이나 느꼈던 감정을 써보면 좋다. 하지만 이는 인터뷰 기사처럼 제삼자의 입장에서 보고 들은 내용을 그대로 옮겨 적는 것이 아니다. 내가 그 사람이 되었다고 생각하고 일인칭 시점에서 그 사람의 경험과 감정을 재해석하여 시로 나타내는 것이다. 이를 위해 학급 친구들끼리 서로 인터뷰를 하고 시를 쓰는 활동을 제안한다.

너의 이야기를 들려줘

학급 내에서 서로 마음 맞는 친구와 짝을 지어 인터뷰한다. 모둠별로 진행하는 것보다 일대일로 진행하는 것을 추천한다. 친구의 경험과 감정을 좀 더 세밀하게 물어보고 듣기 위해서는 한 친구에게만 집중하는 것이 좋다. 인터뷰를 당하는 입장에서도 다수의 청중보다는 친밀감을 느끼는 한 친구와 단둘이 있을 때 더 편안함을 느낄 수 있다.

경험	• 지난 주말에 있었던 일은? • 지난 방학에 있었던 일은? • 가장 기억에 남는 일은? • 가장 후회되는 일은? • 가장 행복했던 일은? • 가장 즐거웠던 일은? • 그 외에 친구에게 묻고 싶은 경험
	추가 질문 • 누가, 언제, 어디서, 무엇을, 어떻게, 왜? • 보고, 듣고, 냄새 맡고, 맛보고, 만져본 것?
감정	• 그때 어떤 생각이 들었어? • 그때 어떤 기분, 감정이 들었어? • 그때로 다시 돌아간다면 어떻게 하고 싶어? • 다음에 또 비슷한 경험을 하게 된다면 그때는 어떻게 할 거야? • 그 경험과 관련해서 떠오르는 비슷한 경험이 있어?
	추가 질문 • 왜?

※ 친구에게 답변해줄 때는 최대한 구체적으로, 자세히 이야기합니다.
※ 답변을 듣고 궁금한 부분이나 좀 더 정보가 필요한 부분에 대해 추가 질문을 합니다.
    예) 그때 누구랑 같이 있었어?
        그때 뭐라고 말했어? 어떤 행동을 했어?
        그때 어떤 말을 들었어?
        그때 날씨는 어땠어?

아이들에게 아무런 준비 없이 곧바로 친구를 인터뷰해 오라고 하면 무엇을 물어봐야 할지 막막해할 것이다. 별다른 소득 없이 잡담만 하고 돌아오는 아이들도 있다. 그래서 참고할 만한 질문지를 사전에 제공해준다. 질문은 크게 '친구의 경험'과 '그때 느꼈던 감정'으로 범주화할 수 있다. 이는 이 두 가지가 시 쓰기의 소재가 되어야 함을 염두에 둔 것이다.

나아가 추가 질문의 중요성에 대해서도 알려준다. 아이들은 인터뷰를 질문 한 번, 답변 한 번으로 끝내는 경우가 많다. 하지만 이것만으로는 글쓰기의 소재로 부족하다. 내가 필요한 정보를 충분히 얻기 위해서는 꼬리에 꼬리를 물고 추가 질문을 해야 한다. 다음은 두 학생의 인터뷰 예시이다.

> **김** 가장 기억에 남는 일이 뭐야?
> **서** 초등학교 2학년 때 처음으로 놀이공원에 가본 거야.
> **김** 그때 기분이 어땠어?
> **서** 너무 재미있었어.

오늘의 주제는 내가 친구의 입장이 되어 친구의 경험에 대해 시를 쓰는 것이다. 그런데 이렇게 인터뷰가 끝나버리면 친구의 경험과 그때 느꼈던 감정에 대해 충분히 알 수가 없다. 따라서 다음과 같은 보충 질문을 통해 친구에게서 조금 더 디테일한 이야기를 끌어내야 한다. 다음은 두 학생이 질문지를 바탕으로 다시 실시한 2차 인터뷰 내용이다. '누가, 언제, 어디서, 무엇을, 어떻게, 왜'의 요소들이 더욱 분명하게 드러난 것을 확인할 수 있다.

김 가장 기억에 남는 일이 뭐야?

서 초등학교 2학년 때 처음으로 놀이공원에 가본 거야.

김 2학년 **언제** 갔어?

서 잘 기억나지는 않는데 여름이었던 것 같아. 엄청 더웠어.

김 그때 **누구**랑 같이 갔어?

서 가족들이랑 갔어.

김 무슨 놀이기구를 탔어?

서 바이킹이랑 귀신의 집, 부메랑을 탔어.

김 그 놀이기구들을 탈 때 **기분**이 어땠어?

서 바이킹은 처음에는 엄청 무서웠는데 좀 지나고 나니까 재미있었어. 귀신의 집은 들어가기 전에 엄청 두근두근 거렸는데 막상 들어가보니까 별로 안 무서웠어. 부메랑은 그날 탄 것 중에 제일 재미있었어.

김 놀이공원 가서 **먹은 건** 없어?

서 추로스랑 음료수를 사 먹었어. 추로스가 엄청 뜨거워서 입이 데일 뻔했던 기억이 나.

김 놀이공원에선 어떤 **소리**가 났어?

서 계속 안내 방송도 나오고 음악도 틀어져 있고 사람들도 많아서 엄청 시끄러웠어.

김 놀이공원에서 **본 것** 중에 가장 기억나는 건 뭐야?

서 집에 오기 전에 마지막으로 퍼레이드랑 불꽃놀이를 봤는데 너무 멋있었어.

김 집에 돌아올 때 **어떤 생각**이 들었어?

서 또 오고 싶었어.

김 **왜** 그런 생각이 들었어?

서 물배를 타고 싶었는데 줄이 길어서 못 탔거든. 그래서 다음번에 물배를 꼭 타고 싶어.

인터뷰 내용 재구성하기

 인터뷰의 내용이 훨씬 더 자세해진 만큼 이제 글감은 충분하다. 하지만 친구가 해준 모든 이야기를 시에 담아내지는 않는다. 인터뷰 내용을 다시 되짚어보며 그중에서 시로 쓸 내용을 선별하고 재구성하는 과정이 필요하다.

친구의 **경험** 중 시로 나타낼 부분은?	바이킹, 귀신의 집, 부메랑을 탄 것
친구의 **감정** 중 시로 나타낼 부분은?	바이킹은 무서웠지만 재미있었다. 귀신의 집에 들어가기 전에는 두근두근거렸는데 막상 들어가보니까 별로 안 무서웠다. 부메랑이 제일 재미있었다.
내가 친구였다면 어땠을까? 어떤 감정이 들었을까?	너무 설레고 기대돼서 전날 밤에 잠이 안 왔을 것 같다. 아쉽지만 다음에 또 올 거니까 괜찮을 것 같다.

　친구의 이야기 중 내가 느끼기에 중요하다고 생각되는 부분이나 인상 깊었던 부분을 고른다. 모든 이야기를 다 시로 나타내려고 욕심을 부리면 설명하는 글처럼 장황해지거나 깊이가 얕아질 수밖에 없다. 이 학생은 친구가 해준 이야기 중에서 추로스를 먹은 것이나, 퍼레이드를 본 이야기는 빼고 놀이기구를 탔던 경험만 시로 나타내고자 했다. 이 학생은 친구의 놀이기구 이야기가 가장 재미있고 인상 깊었나 보다.

　이제 친구가 그때 느꼈던 감정을 다시 정리해본다. 그런데 여기에 추가할 것이 하나 더 있다. 바로 내가 친구였다면 어떤 감정이 들었을지 상상해보는 것이다. 친구의 이야기를 단순히 귀로만 듣는 것이 아니라 마음으로 깊이 느껴본다. 그리고 그 상황 속 친구에게 감정이입해본다. 친구가 직접 말해주지는 않았지만 내가 친구였다면 그때 어떤 감정을 느꼈을지 상상해본다. 이 학생은 놀이공원 가기 전날 밤의 설렘과 집에 돌아가는 게 아쉽지만 한편으로는 또 올 거니 괜찮다는 감정을 상상한 뒤 이를 바탕으로 시를 써보았다.

인터뷰를 시로 바꾸기

「언젠간 다시 오겠지」

김민수 (인터뷰 대상: 서준용)

오늘은 놀이공원 가는 날

기대돼서 눈을 붙일 수 없는 밤
드디어 달과 별이 함께 떠나고 햇님이 왔다

가족과 함께 놀이공원으로 간다
너무 무섭지만 타다 보니 재밌었던 바이킹
두근두근 콩닥콩닥
생각보다 시시했던 귀신의집
가장 재미있었던 부메랑

또 오고 싶은 놀이공원
괜찮다. 언젠간 다시 오겠지

친구의 감정을 상상하여 작성한 위 시에는 인터뷰이가 말해준 적 없는 감정이 담겨 있다. 2연을 통해서도 놀이공원에 가기 전날 밤 기대와 설렘으로 잠들지 못하는 모습을 볼 수 있다. 이 역시 친구가 말해준 적 없지만 놀이공원에 처음 가는 상황에서 충분히 있을 법한 이야기이다. 이렇게 두 학생이 협력하여 멋진 한 편의 시가 완성되었다.

「단우」

김가은 (인터뷰 대상: 이승주)

코코넛을 열자
상큼한 과즙 대신
소중한 네가 나왔다

너의 털은 크림처럼 부드러웠고
너의 눈은 반딧불처럼 반짝였다

너와 나에게 자석이라도 붙은 듯
난 너에게 이끌렸다

그렇게 한 발, 두 발
가까워져갔는데

어느 날 네가 떠났다

이젠 말라버린 코코넛 껍질만

덩그러니 놓여 있다   *단우:햄스터 이름

「피아노」

최은지 (인터뷰 대상: 임가연)

나에게 그 무엇보다 소중한

피아노

학교 마치자마자 달려가는 곳

집보다 편안한 곳

내가 가장 좋아하는 곳은

피아노가 기다리고 있는 피아노 학원

언제나 날 즐겁게 해주는 피아노 연주

힘들고 막막할 때도 있지만

새로운 곡마다 쌓여가는 나의 행복

피아노는 내 전부

두 시 모두 친구의 이야기를 썼다는 사실을 말하지 않으면 마치 본인의 이야기를 쓴 것처럼 느껴질 만큼 자연스럽다. 감정도 본인이 느낀 것처럼 생생하다. 이처럼 내가 아닌 다른 사람이 되어보고, 타인의 생각이나 감정을 상상해보는 것은 시 쓰기에서 중요한 감정이입 능력을 길러준다. 또한 발상 및 내용 구성 단계에서 어려움을 느끼는 학생들에게도 큰 도움을 준다.

이어서 나오는 작품은 거기에서 한 발 더 나아갔다. 인터뷰 대상이었던 학생이 해리포터를 매우 좋아하는데, 시를 쓴 학생이 바로 이 점을 시에 활용한 것이다. 언니가 생일 선물로 준 케이크를 먹고 배탈이 났던 친구의 경험을 마치 해리포터에 나오는 이야기처럼 표현했다. 이처럼 인터뷰 내용 외에도 평소 친구에 대해 알고 있는 여러 가지 정보를 활용하면 더욱 재미있는 시가 될 수 있다.

「케이크를 사랑한 가은포터」

이승주(인터뷰 대상: 김가은)

8월 13일
가은포터의 생일날

가은포터는 해그리별에게
맞춤 제작 케이크를 선물 받았어요

아무에게도 축하받지 못하던 포터는

감동받았죠

가은포터는 케이크를 먹고

행복한 꿈속으로 빠져들었어요

일렁이는 물과 함께

빛나는 호그와트가 펼쳐졌어요

가은 포터는 배를 타고

호그와트로 들어갔어요

드디어 기숙사를 배정받는 그때!

깜빡

꿈에서 깨어나버렸답니다

우웩!

저런,

어제 케이크를 너무 많이 먹었나 봐요

*해리포터:가은(인터뷰이의 이름)

*해그리드:가별(인터뷰이 언니의 이름)

4부

시로 날아오르기

시 쓰기는 국어 시간에만 해야 할까요? 그렇지 않습니다. 다른 교과 및 영역의 학습에도 충분히 활용할 수 있습니다. 그 반대도 마찬가지입니다. 다른 교과 및 영역의 내용을 가져와서 시 쓰기에 활용할 수도 있습니다. 시 쓰기의 의미와 효과를 다른 영역의 학습과 연계하여 활용한다면 더욱 큰 시너지 작용을 낼 수 있습니다. 4부에서는 시 쓰기를 다른 영역과 접목할 수 있는 방법을 소개합니다.

1장에서는 시 쓰기를 '진로 교육'과 연계합니다. 진정한 꿈에 대한 올바른 인식을 바탕으로 내가 꿈꾸는 나의 모습을 시를 통해 표현해봅니다.

2장에서는 시 쓰기를 '자존감 교육'과 연계합니다. 관점을 바꿔 세상을 바라보는 것에서 출발하여 나 자신도 새로운 시각으로 들여다봄으로써 나에 대한 올바른 자존감을 형성합니다.

3장에서는 시 쓰기를 '발명 교육'과 연계합니다. 발명 교육에서 자주 사용되는 발명 기법을 시 발상 단계에 활용하면 주제를 떠올릴 때 아이들의 상상력을 더욱 자극할 수 있습니다.

마지막 4장에서는 아이들이 쓴 시를 직접 시집으로 출판하는 과정을 통해 시 쓰기의 결실을 맺어봅니다.

자, 이제 시의 울타리를 넓혀볼까요?

1 나의 꿈에 대해 쓰기

'나의 꿈'에 대해 글쓰기, 그림 그리기, 발표하기 등은 너무나 중요한 활동이지만 또 한편으로는 그만큼 진부하기도 하다. 아이들은 창의적 체험활동 시간이나 교과 시간에 반복적으로 등장하는 '꿈'이라는 주제에 대해 지겨움을 느낀다. 어떤 학생들은 '저는 꿈이 없어서 쓸 게 없어요'라며 멍하게 앉아 있기도 한다.

진부한 주제는 진부한 시를 만든다. 따라서 '나의 꿈'과 같이 보편적이고 포괄적인 주제를 갖고 시를 쓸수록 교사의 충분한 자료 제시와 방향 설정, 분위기 조성이 원만하게 이루어져야 한다. 그렇지 않으면 아이들은 자신의 꿈에 대한 깊이 있는 사고 없이 단순히 자신의 장래 희망을 소개하거나 그 직업에 대한 일반적인 정보나 지식을 설명하는 피상적인 글을 쓰기 쉽다.

꿈 〉 장래 희망

"여러분의 꿈은 무엇인가요?"

"생물학자요! CEO요! 돈 많은 건물주요!"

아이들이 앞다투어 손을 들고 대답한다. 그런데 아이들의 대답을 '꿈'이라는 단어 대신 다른 단어로 바꿔서 말할 수 있을 것 같다. 바로 '장래 희망'이다.

꿈이 뭐냐는 질문에 대부분의 아이들이 '미래에 갖고 싶은 직업', 즉 장래 희망을 이야기했다. 하지만 '꿈=장래 희망'이 아니다. '꿈 〉 장래 희망'이 되어야 한다. 내 꿈의 일부가 내가 미래에 원하는 직업이 될 수는 있겠지만 내 꿈의 전부가 장래 희망, 즉 미래에 내가 갖고 싶은 직업이 되어서는 안 된다.

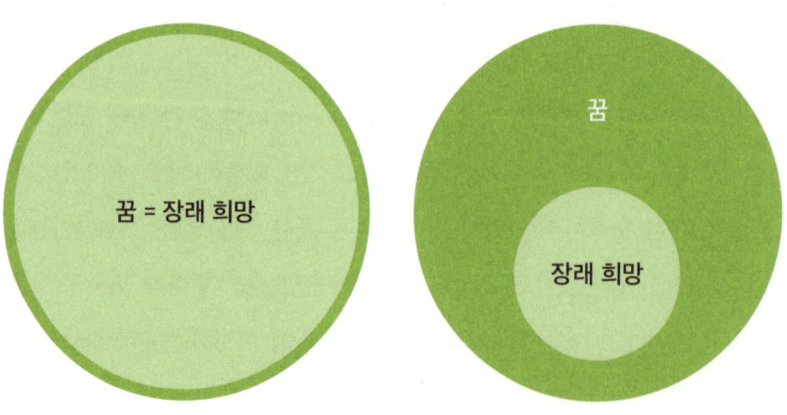

역사 교사인 최태성 선생님은 한 강의에서 '명사의 꿈'이 아닌 '동사의 꿈'을 꾸어야 한다고 말한다. 그는 '의사, 검사, 변호사'와 같은 '명사의 꿈' 대신 '불의에 맞서 싸우고 싶다, 정의를 실현하고 싶다'와 같은 '동사의 꿈'을 꾸자고 제안한다. 단순히 '검사'라는 직업을 갖는 것보다 나는 무엇을 하기 위해 검사가 되려고 하는지, 검사가 되어서는 무엇을 이루어나갈 것인지가 훨씬 더 중요하기 때문이다.

나는 아주 어렸을 때부터 초등교사가 되고 싶었다. 그리고 이렇게 교사가 되어 아이들 앞에 서 있다. 그럼에도 아직 나는 꿈을 이룬 사람이 아니다. 최태성 선생님의 표현에 의하면 나는 '명사의 꿈'만 이룬 것일 뿐이다. 그래서 나는 지금도 여전히 '동사의 꿈'을 꾼다. '학생을 진심으로 사랑하고 싶다, 학생과 함께 성장하고 싶다, 학생들과 시의 아름다움을 함께 나누고 싶다'라는 게 나의 꿈이다. 그런 의미에서 나 역시도 여전히 우리 아이들과 같이 '꿈을 꾸는 사람'이다.

꿈 = 내가 원하는 나의 모습

그렇다면 '꿈'을 우리 아이들과 어떻게 정의하면 좋을까? '꿈은 장래 희망이다'라는 기존의 생각에서 벗어나 '꿈은 내가 바라는 나의 모습, 내가 되고 싶은 나의 모습'이라고 확장해보자. 꿈에 대한 아이들의 생각을 넓혀주기 위해 다음 영상을 활용해도 좋다.

> **<어떤 사람으로 기억되길 원하세요?>**
>
> 5살: 씩씩한 사람
>
> 10살: 착한 사람, 배려하는 사람
>
> 21살: 항상 웃는 사람
>
> 38살: 가장 힘들 때 먼저 떠오르는 사람
>
> 46살: 마음이 따뜻한 사람
>
> 53살: 다음에 또 보고 싶은 사람
>
> 63살: 도움이 되는 사람
>
> 74살: 괜찮은 사람

위 영상에서는 5살 어린이부터 74살 노인에 이르기까지 저마다 자신이 어떤 사람으로 기억되길 바라는지 말하고 있다. 다른 사람들에게 기억되길 바라는 나의 모습은 바꿔 말하면 내가 바라는, 내가 되고 싶은 나의 모습이라 할 수 있을 것이다. 질문을 받은 각기 다른 연령대의 사람들이 '씩씩한 사람, 힘들 때 가장 먼저 떠오르는 사람, 도움이 되는 사람' 등으로 대답하는 모습을 보고 난다면, 우리 아이들도 자신의 꿈을 단순히 미래의 직업으로만 생각하던 좁은 시야에서 벗어나 나는 어떤 사람이 되고 싶은지 진지하게 고민해볼 수 있을 것이다.

대부분의 아이들은 꿈이 곧 장래 희망이라고 여겨왔다. 직업을 가진 성인이 되면 꿈도 종료된다고 말이다. 고3 수험생들이 입시를 끝내고 막상 원하던 대학에 진학하고 나면 '이제 뭘 해야 할지 모르겠다'며 혼란을 겪는 이유도 바로 이 때문이다.

하지만 '꿈'은 특정한 직업을 가졌다고, 원하는 대학에 갔다고 종료되는 것이 아니다. 꿈은 늘 '현재 진행형'이어야 한다. 영상 속 74살 노인도 여전히 자신이 괜찮은 사람으로 기억되기를 바라는 것처럼, 꿈이란 끊임없이 수정하고 발전시키고 추가해나가야 하는 무엇이다.

이러한 메시지를 전달하기 위해 나는 아이들 앞에서 플루트 연주를 해주었다. 연주와 함께 언제나 음악과 함께하는 사람이 되고 싶다는 나의 꿈도 소개해주었다. 대학생 때 관현악 동아리를 하며 갖게 된 이 꿈을 지금까지도 이루어나가고 있다고 말해주었다. 어른들도 우리처럼 새로운 꿈을 꾸고, 자신이 꿈을 이루기 위해 열심히 나아가고 있다는 것을 직접 눈으로 보고 귀로 들을 수 있도록 하기 위함이다.

그렇다면 이제 우리 아이들의 차례다.

"여러분의 꿈은 무엇인가요? 여러분이 바라는 여러분의 모습은 어떤가요? 여러분은 어떤 사람이 되고 싶나요?"

내가 꿈꾸는 나

교사는 아이들과 함께 정현종의 시 「떨어져도 튀는 공처럼」(『떨어져도 튀는 공처럼』, 문학과지성사, 1994)을 함께 낭송하고 음미한다. 시에서 시적 화자는 자신이 되고 싶은 모습을 '떨어져도 튀는 공'에 비유하여 나타내고 있다. 이처럼 내가 바라는 나의 모습을 다른 대상에 빗대어 표현해보자고 오늘의 시 쓰기 방향을 제시한다.

　내가 바라는 나의 모습을 생각해본다. '성실한 사람이 되고 싶다.' '열정적인 사람이 되고 싶다.' '의리 있는 사람이 되고 싶다.' 등 여러 가지 모습을 떠올리고, 왜 그런 사람이 되고 싶은지 이유도 함께 살펴본다. 여전히 자신의 장래 희망을 떠올리는 학생들도 있다. 이 역시 잘못된 것은 아니다. 하지만 이번 시간에는 장래 희망보다는 확장된 꿈의 개념(내가 바라는 나의 모습)에 초점을 맞출 수 있도록 지도한다.

　내가 바라는 나의 모습을 떠올렸다면 다음과 같이 나의 꿈을 비유할 대상을 찾는다. 내가 꿈꾸는 여러 가지 모습을 비유할 만한 특성을 가진 대상을 떠올려본다.

나의 꿈 → 태양

성실한 사람 → 하루도 쉬지 않고 매일 뜬다.

열정적인 사람 → 뜨겁게 불타오른다.

의리 있는 사람 → 언제나 그 자리에 되돌아온다.

　나의 꿈을 모두 다 포함하고 있는 하나의 대상을 찾기 어려우면, 다음과 같이 여러 대상으로 나누어서 표현해도 좋다.

나의 꿈

성실한 사람 → 시계

열정적인 사람 → 가스레인지

의리 있는 사람 → 공

나의 꿈을 비유할 대상까지 정했다면, 떠올린 내용을 바탕으로 시를 써본다. 다음은 학생들이 자신의 꿈을 표현하여 작성한 시 예시이다.

「하늘」

박지우

바다를 유랑하는 물고기가 아닌
그런 물고기를 품는 바다가 되고 싶다

숲속을 뛰어다니는 동물이 아닌
그런 동물을 품는 숲이 되고 싶다

그저 피어오르는 나무가 아닌
그런 나무를 품는 땅이 되고 싶다

물고기를 품은 바다

동물을 품은 숲

나무를 품은 땅

이 모든 것을 품는

하늘이 되고 싶다

「촛불」

박진성

어두워도 불빛 밝히는 촛불처럼

힘들 때 희망을 비춰줘야지

녹아서 떨어진 촛농이

금세 다시 굳는 것처럼

나도 마음 굳게 먹어야지

뜨겁게 타오르는 불처럼

나도 열정적으로 도전해야지

촛불처럼 살아봐야지

「새」

김민예

지금 당장 날지 못해도
하늘에서 빛날 순간을 위해
꾸준히 노력하는 사람

자신의 목표를 향해 날아갈 때
가장 멋있는 사람

위험할 땐 날개를 펼쳐
가족을 지켜줄 수 있는 사람

자신을 사랑하며
자신 있게 날아오를 수 있는 사람

내가 바라는 나의 모습을 떠올린 후 그 모습을 특성으로 갖는 대상을 찾아보라고 제시했지만, 막상 지도해보니 그 순서를 반대로 하는 학생들이 있었다. 먼저 비유할 대상부터 찾은 다음, 그 대상의 특성에 맞게 자신이 꿈꾸는 모습을 적어내려가는 것이다.

> 구름 → 나의 꿈
>
> 비를 내리게 한다. → 마음에 상처가 있는 친구를 위로해주는 사람
>
> 모습이 바뀐다. → 여러 가지 방법으로 친구를 즐겁게 해주는 사람

이와 같은 접근은 시의 중심이 '내'가 아닌 '비유 대상'에 가 있다. 비유할 대상을 먼저 떠올리고, 그 대상에 내 꿈을 '끼워 넣은' 것이다. 원래부터 내가 꿈꾸던 나의 모습이 아닌, '시를 쓰기 위해 만들어낸 꿈'에 불과하다.

이런 방식으로 시를 쓰면 시의 흐름이나 완성도, 통일성의 측면에서는 더 높은 수준의 작품이 나올 수도 있다. 하지만 자신에 대한 이해나 고민이 결여된, 껍데기만 있는 시일 뿐이다. 자신의 꿈을 나타내줄 대상을 찾지 못하더라도 내가 꿈꾸는 나의 모습을 진솔하게 나타내는 것이 먼저임을 항상 기억하자. 그런 경우 억지로 비유를 사용하지 않아도 괜찮다. 비유는 그 자체가 목적이 아니라 내가 나타내고자 하는 것을 더욱 잘 표현하기 위한 '수단'일 뿐이다.

2
관점 바꾸기

　시난겨울이었다. 출퇴근 시 대중교통을 이용하기에 겨울이면 늘 장갑을 끼고 다닌다. 그런데 퇴근길에 보니 장갑에 구멍이 나 있는 게 아닌가? '아 언제 또 구멍이 난 거야? 새로 사야겠네, 귀찮게' 하고 짜증이 밀려왔다. 어쩔 수 없이 구멍 난 장갑을 끼고 걸어가던 중 핸드폰에서 메시지 알림음이 울렸다. 무심코 구멍 난 손가락으로 핸드폰 화면을 눌렀는데 어라, 터치가 됐다. 그전까지는 핸드폰을 쓰려면 장갑을 벗었다 꼈다 하느라 성가셨는데 말이다. '이것도 나쁘지 않은걸?' 피식 웃음이 새어 나왔다.
　"오히려 좋아"
　요즘 유행하는 말이다. 참 듣기 좋은 말인 것 같다. 관점을 조금만 바꿔서 생각하면 나쁘다고 생각했던 것도 '오히려 좋은 것'이 될 수 있다.
　오늘의 시 수업을 통해 우리 아이들도 관점을 바꿔 세상을 긍정적으로 바라볼 수 있도록 도와주고자 한다. 나아가 자기 자신에 대해서도 긍정적인 관점으로 바라볼 수 있도록 한다.

관점을 바꿔 세상 보기

박민애의 시 「테니스공의 휴식」(『별이 다가왔다』, 브로콜리숲, 2021) 속에도 관점을 바꿔 세상을 바라보는 자세가 잘 드러난다. 테니스공이 가장 빛나는 순간은 테니스 코트에서 '통통 튀고, 펄펄 날고, 뛰고 또 뛸 때'일 것이다. 그러다 결국 낡고 헤진 테니스공은 배가 갈라진 채로 의자 발 커버가 되어버렸다. 사람으로 따지면 은퇴한 것이나 다름없는 것이다. 그럼에도 불구하고 테니스공은 자신의 신세를 한탄하거나 불만스러워하지 않는다. 오히려 누군가를 보호해줄 수 있어 '뛰는 것만큼 행복하다'라고 말한다.

김개미의 시 「달팽이가 말했어」(『쉬는 시간에 똥 싸기 싫어』, 토토북, 2017)의 달팽이도 마찬가지다. 남들은 다 앞을 보고 집에 가는데 자신만 뒷걸음질치며 집에 들어가야 하는 달팽이는 이를 불편해하거나 부끄러워하는 대신, 오히려 '이 세상을 좀 더 오래 지켜볼 수 있어서 좋다'며 '뒷걸음질이 최고'라고 말한다.

테니스공이나 달팽이의 상황은 일반적으로 생각했을 때 그다지 좋지만은 않다. 하지만 테니스공과 달팽이는 그러한 환경에서조차 긍정적인 부분을 발견해낸다. 이처럼 좋고 나쁨은 이 세상에 달린 것이 아니라 바로 나 자신에게 달린 것이다.

그런데도 자신이 처한 상황이나 환경을 탓하는 사람들이 많다. 교실에서도 사소한 것에 늘 불만을 느껴 짜증 부리고 화내는 아이들을 쉽게 찾아볼 수 있다. 매사에 부정적이고 비판적으로 생각하는 아이도 있다.

'오히려 좋아'의 힘이 필요한 순간이다.

처음부터 '나'를 소재로 하면 대부분 자신을 드러내는 것을 부담스러워한다. 그래서 아이들에게 익숙한 유행어 '오히려 좋아'를 활용하여 주변 사물을 소재로 시 쓰기 활동을 먼저 해보았다. 이 방법은 '나'를 탐색하는 것에 대한 거부감을 줄여주는 것은 물론, 관점을 바꿔 바라보는 것에 익숙해지도록 하는 커다란 효과가 있다.

먼저 우리 주변에서 일어나는 일 중 평소 나쁘다고 여기는 것들을 떠올려보자. 그리고 그것들을 관점을 바꿔서 다시 바라보자. 그 속에서 미처 발견하지 못한 긍정적인 부분이 있지 않을까? 다음은 그러한 것들을 학생들이 시로 표현해본 예시다.

「부러진 지우개」

김지완

잘 쓰던 지우개
두 조각 됐지만
오히려 좋아

친구한테 빌려주고
나도 쓸 수 있어서
오히려 좋아

「구멍 난 바지」

　　　　　　김민예

놀다가 바지에 구멍이 났다
어떡하지 어떡하지
고민하다 생각난 것

요즘 잘 못 보던 할머니에게
꿰매달라고 하는 거야!

구멍 난 바지도 꿰매고
보고 싶은 할머니도 보고
오히려 좋아!

아이들이 오늘의 시 쓰기를 참 재미있어했다. '감기에 걸렸지만 학원에 안 가서 오히려 좋아.' '핸드폰을 떨어뜨려서 고장이 났지만 새 핸드폰을 살 수 있어서 오히려 좋아.' 시 쓰기 전부터 조잘조잘 아이들의 이야기가 끝이 없다. 지나치게 장난스러운 분위기로 빠지지 않도록 조금만 방향 설정을 도와주니 금세 주제에 집중하는 모습을 보이기도 했다.

그런데 이건 아이들에게 던진 나의 '미끼'이다. 아이들이 미끼에 제대로 걸려든 것이다. 사실 이 활동은 오늘의 최종 목표를 위한 사전 준비 단계였다. 나 자신을 긍정적인 관점에서 바라보고 바람직한 자존감을 형성하는 것이 오늘의 최종 목표이다.

'나' 알아보기

나에 대한 관점을 바꿔보기 전에 내가 어떤 사람인지부터 먼저 알아야 한다. 이를 위해 '인생 그래프' 그리기 활동을 해보았다. 자신의 삶을 되돌아보고 이를 그래프로 나타낸다. 나이별로 가장 기억에 남는 핵심적인 사건을 떠올린 뒤, 그 사건에 따른 나의 감정을 표시해본다.

물론 특정한 사건 하나가 그해 나의 모든 시간을 대변해줄 수는 없다. 한 해에, 짧게는 하루에도 좋고 나쁜 일들이 수없이 반복된다. 따라서 아이들이 그래프를 지나치게 일반화하여 해석하지 않도록 해야 한다.

그래프는 내 삶의 흐름을 한눈에 보기 위해 단순화한 것으로 실제와는 다를 수 있다는 것을 한 번 더 강조해주자. 실제 내 삶 속에는 여기에 다 기록할 수 없을 만큼 많은 사건과 감정이 있었을 것이다. 따라서 인생 그래프의 완성된 모양보다는 그래프를 그리기 위해 나의 지나온 날들을 하나하나 떠올려보고 되짚어보는 데에 활동의 의의가 있다. 그렇기에 교사는 아이들이 인생 그래프를 대충 완성하지 않고 충분히 고민한 후에 그릴 수 있도록 지도한다.

내 삶에 대한 주관적인 탐색이 끝났다면 이제 객관적인 데이터의 도움을 받아본다. '주니어 커리어넷(career.go.kr/jr)'에 들어가면 저학년용, 고학년용으로 나뉘어진 '진로 흥미 탐색' 검사를 할 수 있다. 이 검사를 바탕으로 내가 어떤 분야에 흥미가 있는지, 내 특성과 성격은 어떠한지, 나의 현재 학습 습관은 어떠한지 등을 살펴본다. 검사 결과를 학습지에 정리하고, 결과를 바탕으로 나의 성격 및 특성에서 발전시킬 부분과 보완해야 할 부분을 찾는다. 그리고 일상생활에서 이를 실천할 수 있는 구체적인 방법까지 모색해본다.

나의 흥미 유형 알아보기

- 주니어 커리어넷에서 진로 흥미 탐색 검사를 실시합니다.

- 진로 흥미 탐색(Holland 검사) 검사 결과 후 나의 흥미 유형 탐색 결과를 나타내봅시다.

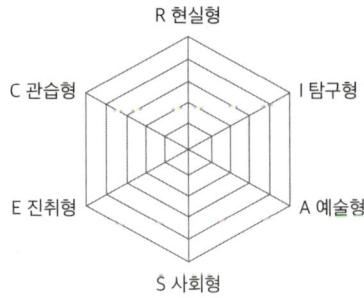

- 나의 흥미 유형은?

- 흥미 유형에 따른 나의 특성은?

- 나의 성격(특성)에서 더욱 발전시켜나갈 부분은?
  나의 성격(특성)에서 보완해야 할 부분은?
  어떻게 발전시킬까? 어떻게 보완할까? (실천 방법 찾기)

지금까지 탐구한 내용들을 바탕으로 '나'라는 존재에 대해 고민해보고자 한다. 아이들이 가장 쉽게 접근할 수 있는 것은 나의 장점과 단점을 찾아보는 것이다. 교사는 '구글 잼보드'의 '스티커 메모' 기능을 활용하여 나의 장점과 단점을 최대한 많이, 구체적으로 적어보자고 안내한다. 장점은 연두색, 단점은 회색과 같이 색깔을 구분해서 적으면 시각적으로 보기 좋다. 혼자서 떠올리기 어려울 때는 주변 친구들에게 물어봐도 되지만, 단점은 제외하고 장점에 대해서만 묻고 답해주도록 한다. 다툼이 발생하는 것을 방지하기 위함이다.

장점			단점		
열정이 넘친다	글을 잘 쓴다	차분하다	돈을 너무 펑펑쓴다	키가 작다	이상한 행동을 많이 한다
말을 예쁘게 한다	잘 웃는다	이야기를 잘 들어준다	공부를 잘 못한다	기분이 오락가락 한다	정이 많아도 너무 많다
예의가 바르다	타자가 빠르다	응원을 잘 해준다	화난 티가 그대로 난다	손톱을 물어 뜯는다	하고 싶은 게 너무 많아서 아직 못 정했다

나의 단점이 장점이 될 수 있지 않을까?

안지영의 시 「달팽이 할머니」(『난 바위 낼게 넌 기운 내』, 문학동네, 2019) 속에는 태어날 때부터 귀가 들리지 않아 듣지도, 말하지도 못하는 할머니가 등장한다. 그 덕분에 태어나서 단 한 번도 욕을 들어본 적도, 욕을 해 본 적도 없다. 귀가 들리지 않는 건 할머니의 단점일까, 장점일까, 아니면 둘 다일까? 이처럼 나의 단점이라고 생각했던 것도 관점을 바꿔 생각해 보면 오히려 나의 장점이 될 수 있다.

자신의 단점으로 '손이 느리다'라고 적은 아이가 있었다. 이 아이는 실제로 미술 시간이나 글쓰기 시간에 작품을 가장 늦게 만들어내거나 제 시간에 끝내지 못하는 경우도 많다. 하지만 막상 완성한 작품은 섬세하고 완성도가 높아 항상 주변 친구들과 나를 놀라게 한다. 이처럼 손이 느리다는 것은 다르게 생각하면 '꼼꼼하다' '정성을 다한다' '신중하다'라는 뜻이기도 하다. 이와 마찬가지로 '잘 운다'라는 단점은 '감수성이 풍부하다' '공감 능력이 좋다'라는 장점이 될 수 있다.

어찌 보면 단점이라는 것도 나의 시선이 만들어낸 산물일 것이다. 우리의 특성이나 성격이 처음부터 장점과 단점으로 나뉘어 있는 것이 아닐지도 모른다. 그것을 바라보는 나의 시선이 어떠한가에 따라 나의 장점이 될 수도, 단점이 될 수도 있는 것이다. 올바른 자아 존중감은 바로 여기에서부터 시작한다. 내가 가진 것들을 긍정적으로 바라보는 것, 나다움을 자랑스럽게 여기는 것, 나 자신을 아끼고 사랑하는 것. 이것이 바로 오늘 수업을 통해 최종적으로 도달하고자 하는 목표이다.

조금 전 나의 단점으로 분류했던 것들을 다시 한번 살펴본다. 그중에서 다르게 보면 충분히 나의 장점이 될 수 있는 것들을 찾아본다. 단점을 장점으로 고쳐보고 이번에는 초록색으로 표시한다.

건강한 자존감이란

정이 많아도 너무 많다 → 주변 사람들과 사이가 좋다	이상한 행동을 많이 한다 → 그만큼 재미있는 사람이라는 증거다	기분이 오라가락한다 → 다양한 감정을 더 잘 느낄 수 있다	키가 작다 → 아직 더 클 기회가 있다
화난 티가 그대로 난다 → 솔직하다	공부를 잘 못한다 → 성적이 오르는 걸 볼 수 있다	하고 싶은게 너무 많아서 아직 못 정했다 → 무엇이든 새로운 것에 도전할 수 있다	손톱을 물어 뜯는다 → 이 습관을 고쳤을 때 나의 의지로 고친 거라서 성장할 수 있다

　내가 나를 어떻게 바라보느냐에 따라 나의 장점이 늘어났다. 초록색 메모들의 존재가 이를 상징적으로 알려준다. 충분히 나의 장점이 될 수 있음에도 불구하고 지금까지 나의 단점으로만 인식했던 것들이 이렇게나 많았다. 그것들은 모두 나를 바라보는 부정적인 시선에서 기인한 것이다. 그 누구도 시키지 않았는데 나의 특성에 대해 나 스스로가 회색 꼬리표를 달고 단점으로 분류했다.
　물론 그렇다고 해서 나의 모든 단점을 다 초록색 스티커로 바꿔버리자는 뜻은 아니다. '욕을 많이 한다' '돈을 낭비한다'와 같은 것들까지도 관점을 바꿔서 나의 장점으로 여기자는 것이 아니다. '긍정적인 시선'이라는 말을 지나치게 확대해석해서는 안 된다.

나에게 회색 스티커가 있다는 사실을 외면하거나 회피해서는 안 된다. 이를 억지로 초록색 스티커로 바꿔놓고 '정신 승리' 해서도 안 된다. 나의 부족한 점과는 정면으로 마주할 수 있어야 한다. 이를 겸허히 받아들이고 인정해야 한다. 부족한 점은 점점 고쳐나가면 된다. 내게 부족한 점이 있는 것은 잘못이 아니다. 하지만 나의 부족한 점을 외면하고 개선하고자 노력하지 않는 것은 분명한 잘못이다.

따라서 건강한 자존감이란 이 두 가지를 모두 포함할 수 있어야 한다. 나를 긍정적으로 바라보는 자세, 그리고 나의 부족한 점까지도 인정하고 받아들일 수 있는 자세. 즉 나에게 있는 연두색, 회색, 초록색 스티커를 모두 다 내 것으로 인정하는 것이 바로 건강한 자존감일 것이다.

새로운 나를 마주하며

오늘의 활동을 통해 '나'라는 존재에 대해 새로운 시각에서 바라보고 정의해보았다. 건강한 자존감이란 무엇인지에 대해서도 배웠다. 마지막으로 활동을 마무리하며 느낀 점과 소감을 시로 나타내보았다. 자기 생각을 '시'라는 하나의 완결된 작품을 통해 남기는 것은, 오늘 느낀 점을 자신의 언어로 표출함으로써 자기화할 수 있는 방법이다. 동시에 앞으로도 그것을 잊지 않고 실천하겠다는 일종의 다짐과 선언이기도 하다. 다음은 '나'를 보는 관점을 달리하여 학생들이 쓴 시 예시이다.

「나의 새싹」

이도영

나의 몸은 아직 작더라도
새싹처럼 더욱 더 클 수 있다

나의 성적은 아직 낮더라도
새싹처럼 높아질 수 있다

지금 당장은 작더라도
점점 더 성장해가면 되지

「정직」

김대현

나는 솔직한 정답지다
나는 뭐든지 솔직하게 말할 수 있다

나는 사람들에게 미움을 받기도 한다

나를 피하는 사람도 있다

하지만

힘들어하는 사람에게

꾸미지 않고 정직하게 말해줘서

용기를 심어준다

오늘도 나는

거짓이 없는 정답지다

「나의 바다」

박지우

쓰레기가 가득한 바다에 풍덩 빠져

하루 종일 부정적 생각에 잠긴다

내가 서서히 가라앉을 때쯤

나의 긍정적 생각이 어둠을 뚫고

나에게 다가온다

할 수 있어

괜찮아

충분히 멋져

이런 말을 듣고

난 스스로

쓰레기를 치우고

깨끗한 바다 위로 떠오른다

그러면 됐다

오늘 수업을 박성우의 시 「고슴도치」(『동물 학교 한 바퀴』, 창비, 2016)로 마무리하고자 한다. 뾰족한 가시 때문에 '풍선 불기는 도저히 안 될 것 같다'는 고슴도치. 그런 고슴도치에게 이 시 속의 선생님은 '그렇지만 엉덩이로 풍선 티뜨리기는 네가 최고'라고 말해준다. 이번 수업을 통해 길러주고자 한 건강한 자존감이란 바로 이것이다. 살아가면서 어려움에 부딪힐 때, 나 자신이 한없이 밉고 싫어질 때 '난 도저히 안 될 것 같아' 하고 포기해버리는 대신 '난 이건 좀 부족해. 그렇지만 이건 또 내가 최고지'라고 스스로에게 말해줄 수 있는 힘. 그리고 그 힘을 원동력 삼아 다시 앞으로 나아가는 것. 선생님이 고슴도치에게 건넨 그 말을 자기 자신에게 해줄 수 있는 사람으로 아이들이 성장하길 바란다. 그러면 됐다.

3
발명 기법으로 상상하기

'상상'이란 문학의 매우 매력적인 특징이다. 작가는 문학 작품 속 언어라는 장치를 통해 현실과는 구별되는 새로운 세계를 만들어낸다. 독자는 이러한 작품을 읽으며 자신의 머릿속에 그 세계의 모습을 그려나간다. 현실과 닮아 있지만, 그렇다고 현실은 아닌 가상과 현실의 애매한 경계 속에서 우리는 울고, 웃고, 화내기도 하며 작품 속에 푹 빠져든다. 이처럼 문학 작품을 창작할 때도, 읽을 때도 늘 상상의 힘이 작용한다.

하지만 주의할 점이 있다. 문학에서의 상상이란 막연한 공상이나 허구와 구별된다는 것이다. 문학 작품 속의 세상은 언제나 우리가 살고 있는 이 세계에 대한 통찰로부터 시작한다. 현실을 살아가면서 겪었던 불편함이나 변화가 필요하다고 느꼈던 지점에서 문학적 상상력이 발휘되고, 새로운 세계가 탄생한다.

이는 발명의 기법과도 참 많이 닮았다. 어느 날 갑자기 하늘에서 뚝 떨어진 발명품이란 존재하지 않는다. 발명 역시 기존에 사용하던 물건이나 방법에서 불편함을 느끼고, 이를 수정하거나 보완하여 더 편리한 제품을 만들어내는 것이다. 발명품의 기저에는 기존에 사용하던 물건들이 존재한다. 문학 속 상상의 세계 역시 그 아래에 현실 세계를 바탕으로 하고 있는 것처럼 말이다.

이러한 공통점을 바탕으로 아이들이 시를 쓸 때 발명 기법을 활용하면 문학적 상상력을 자극하는 데 도움이 될 것이라는 결론에 도달하였다. 아이들에게 막연하게 '상상해보라'고 한다면 어디에서부터 어떻게 상상해야 할지 막막해할 것이다. 상상력이란 '한번 발휘해봐야지' 마음먹는다고 저절로 발동되는 것이 아니다. 그럼에도 무조건 상상해보라고만 요구하는 것은 교사로서 무책임한 처사가 아닐 수 없다. 그 대신 발명할 때 사용하는 발명 기법들을 가이드라인으로 제시해주면 어떨까? 발명가들이 발명하는 방법을 따라가다 보면 우리도 시로 쓸 주제가 떠오르지 않을까?

발명 기법으로 주제 떠올리기

발명 기법이란 새로운 발명을 하기 위한 아이디어를 찾을 때 사용하는 방법이다. 발명 기법에는 여러 가지 방법들이 있는데, 그중에서 여덟 가지의 기법을 차용하여 시 쓰기의 주제를 찾는 데 적용해보고자 한다.

‖ 더하기 기법

　더하기 기법은 기존에 존재하는 두 가지 이상의 물건을 더하거나, 서로 다른 방법들을 결합하여 새로운 형태의 물건이나 방법을 만드는 방법이다. 연필에 지우개를 더해 지우개 달린 연필을 만들거나, 신발과 바퀴를 결합하여 인라인스케이트를 만든 것이 그 예이다.

> 사람에게 아가미가 있다면?
> 자동차에 비행기 부품을 넣는다면?
> 사람의 팔이 네 개라면?
> 택배 상자에 날개가 달려 있다면?
> 사람에게 꼬리가 있다면?

‖ 빼기 기법

　빼기 기법은 기존에 존재하는 물건에서 어느 한 부분을 빼거나 없애 버리는 방법이다. 예를 들어, 수박에서 씨를 제거하여 만든 씨 없는 수박이나 의자에서 다리를 없애 만든 좌식용 의자가 있다.

> 학교에서 선생님이 사라진다면?
> 새에게 날개가 없다면?

> 학교에 화장실과 급식실이 사라진다면?
> 사람에게 머리만 있다면?
> 책에 제목이 없다면?
> 우리 집에 엄마가 없다면?

‖ 크기 바꾸기 기법

크기 바꾸기 기법은 기존에 존재하는 물건의 크기를 바꾸어보는 방법이다. 예를 들어, 우산 사이즈를 크게 하여 파라솔을 만들거나 자전거를 작게 만들어 접이식 자전거로 만드는 식이다.

> 사람이 개미만 해진다면? 개미가 사람만 해진다면?
> 새싹이 63빌딩만큼 커진다면?
> 바다가 육지만 해지고 육지가 바다만 해진다면?
> 코로나 바이러스가 '진격의 거인'만 해진다면?
> 컴퓨터가 학교만 해진다면?

‖ 아이디어 빌리기 기법

아이디어 빌리기 기법은 기존에 존재하는 물건이나 아이디어로부터 힌트를 얻어서 새로운 물건을 발명하는 기법이다. 장미꽃의 가시덤불로부터 아이디어를 얻어와 만든 철조망이나 오리 발의 물갈퀴로부터 수영용 오리발을 만든 것이 그 예이다.

> 강아지가 사람처럼 두 발로 걷는다면?
> 사람의 목소리가 스피커만큼 커진다면?
> 콘택트렌즈에 전구가 달린다면?
> 펭귄이 날아다닌다면?

‖ 모양 바꾸기 기법

모양 바꾸기 기법은 기존 물건의 모양이나 색깔, 형태, 성질 등을 다르게 바꾸어보는 것이다. 예를 들어 일자형 빨대를 휘어지는 모양으로 바꾼 주름 빨대가 있다.

> 자동차 바퀴가 기역 자 모양이라면?
> 학교가 슬라임처럼 물렁물렁하다면?
> 지구가 네모나다면?
> 사람의 머리가 세모나다면?
> 하늘이 초록색이라면?
> 티비가 동글동글해진다면?

‖ 재료 바꾸기 기법

재료 바꾸기 기법은 제품을 만드는 재료를 다른 것으로 바꿔보는 것이다. 컵을 종이컵으로, 나무 이쑤시개를 녹말 이쑤시개로, 우산을 비닐우산으로 바꾼 것들이 물건의 재료를 바꾼 예이다.

급식 판이 튜브라면?

핸드폰이 스펀지라면?

마라탕의 재료가 민트 초코라면?

우산이 유리라면?

물통이 야구방망이로 만들어졌다면?

‖ 용도 바꾸기 기법

용도 바꾸기 기법은 기존에 사용하던 물건의 쓰임을 다른 용도로 바꾸어보는 것이다. 그 예로 기온을 측정하는 데 사용하는 온도계를 체온을 측정하는 체온계로 용도를 바꾼 것이다.

지우개로 부끄러운 기억을 지울 수 있다면?

딱풀로 멀어진 친구 사이를 붙일 수 있다면?

사람의 팔로 하늘을 날 수 있다면?

바퀴벌레가 환경을 깨끗하게 하는 환경 지킴이라면?

‖ 반대로 생각하기 기법

반대로 생각하기 기법은 모양, 방향, 성질, 수 등을 반대로 생각해보는 것이다. 원래는 뚜껑이 위에 있지만 뚜껑이 아래로 가도록 만든 화장품이나, 사람이 계단을 오르는 게 아니라 계단이 움직이도록 만든 에스컬레이터 등이 그 예이다.

밤에 학교를 가고 아침에 잠을 잔다면?
AI가 사람에게 명령하고, 사람이 AI의 말에 복종한다면?
하늘과 땅이 뒤집어진다면?
주말에 학교를 가고 평일에 쉰다면?
학교에서는 놀고 집에서 공부를 하면?

떠올린 주제에 상상의 날개 달기

여러 가지 발명 기법들을 통해 떠올린 주제 중에서 시로 써보고 싶은 주제를 한 가지 고른 뒤 그 내용을 구체화해본다. 예를 들어 크기 바꾸기 기법으로 '사람이 개미만 해진다면?'이라는 주제를 떠올렸다면, 사람이 작아졌을 때 구체적으로 어떤 일이 일어날지 상상해보는 것이다. 내용을 떠올리는 것과 동시에 시로 바로 써도 되지만, 곧바로 시를 쓰기보다 브레인스토밍, 브레인라이팅, 구두 작문 등을 선행하여 쓸 내용을 자유롭고 빠르게 작성할 수 있도록 하는 것이 좋다. 이는 아이들이 시라는 형식에 구애받지 않고 상상력을 마음껏 뻗어나가도록 하기 위함이다. 즉, '무엇을 쓸까'와 '어떻게 쓸까'의 단계를 구별해 아이들이 최대한 상상에만 집중할 수 있는 환경을 조성해주는 것이다. 자신이 편한 방법으로 사고를 최대한 넓혀본 뒤, 거기에서 시로 쓸 내용을 수렴하여 최종적으로 한 편의 시로 나타내본다. 다음은 각 기법을 사용해 학생들이 쓴 시 예시이다.

:: 빼기 기법 사용

「우리 엄마」

한서진

집에 와서
쌓여 있는 설거지를 보고 생각했다
집에서 엄마가 사라진다면?

엄마가 없으면

설거지도 한가득 쌓이고

맨날 배달 음식만 시켜 먹고

쓰레기가 차고 넘치겠지

그리고 또

또……

아이고

상상하기도 싫다!

우리 가족에겐

보석같이 소중한 우리 엄마

: 크기 바꾸기 기법 사용

「새싹이 엄청 커진다면」

허유빈

새싹이 엄청 커진다면

새싹이 63빌딩보다 더 커진다면

새싹 위에 올라타고
거인들과 같이 놀고 싶어

구름을 만지면 폭신폭신
구름 한 입 떼어 먹으면 달콤달콤

새싹 타고 올라가
내가 제일 높이 올라가
하늘 위를 마음껏 구경하고 싶어

: 용도 바꾸기 기법 사용

「달려라 바퀴」

박진성

바퀴벌레가 지나가는 자리마다
나무가 자란다

바퀴벌레가 숨 쉴 때마다
신선한 공기를 내뿜는다

바퀴벌레가 똥을 눌 때마다

건강한 양분이 나온다

그러면

으악! 바퀴벌레다!

도망가는 대신에

달려라 바퀴!

응원할 텐데

: 반대로 생각하기 기법 사용

「AI」

김대현

명령하는 AI

복종하는 인간

반대로 된 세상

자꾸만 사라지는 우리들의 생활

직업을 잃은 아빠

점점 사라지는 문화

우리의 생활을 위협하기 시작하는 AI

이대로 정말 괜찮은 걸까……?

4. 나만의 시집 출판하기

　아이들이 쓴 시 작품을 교실에서 어떻게 활용하는가? 여러 여건 때문에 아이들의 작품을 활용하는 단계까지 나아가지 못하고 한 편의 시를 쓰는 것으로만 수업을 마무리하는 경우가 많다. 그러다 보니 아이들이 정성껏 쓴 시가 수업이 끝나자마자 교실 바닥 여기저기에서 굴러다니는 모습을 발견하게 된다. 시를 쓴 종이가 교과서 사이에, 서랍에, 사물함에 아무렇게나 구겨져 있는 경우도 허다하다. 아이들의 작품이 교사에게도, 자기 자신에게도 진정한 작품으로 인정받지 못하는 순간이다.

　이는 교육적으로 매우 좋지 않다. 시 쓰기가 일회적이라는 인상을 주게 되면 시 쓰기 수업의 의미와 가치를 아이들에게 결코 인정받을 수 없다. 아이들 역시 시 쓰기에 일회적으로 임하게 되기 때문이다. 단순히 '이번 시간에만 쓰고 끝나는 것'으로 생각하게 될 경우 아이들의 진심을 이끌어낼 수 없다. 따라서 아이들이 쓴 시를 적절하게 활용하는 시간이 반드시 필요하다. 이를 위해 '출판하기'를 제안한다.

출판은 아이들이 쓴 시를 시화나 책 등의 형태로 활자화하는 것을 의미한다. 꼭 출판사를 거쳐 책으로 묶는 것만을 의미하는 것이 아니다. 출판에는 아이들이 그간 쓴 시를 모아두는 것 이상의 의미가 있는데, 그 행위 자체가 아이들의 시 쓰기를 촉발하는 동기로도 작용할 수 있기 때문이다. 따라서 이를 잘 활용한다면 아이들이 시 쓰기에 더욱 재미를 느끼고 시 쓰기를 계속해나가도록 돕는 훌륭한 자극제를 마련하는 셈이다.

교실에서 주로 활용하는 출판 방법은 학급의 아이들이 그간 쓴 시를 한꺼번에 모아 학년말에 학급당 한 권의 책으로 엮어 학급 문집이나 시집의 형태로 출판하는 것이다. 이는 아이들이 자신이 쓴 시가 실제 책의 형태로 나온다는 점에서 만족감과 성취감이 매우 높다.

하지만 단점도 존재한다. 교사가 오랜 시간 공을 들여 편집하고, 출간하기까지 걸린 시간과 노력에 비해 막상 출판이 아이들에게 동기 요인으로 작용하는 효과가 미미하다는 점이다. 왜냐하면 아이들이 시를 쓰는 시점과 출판이라는 결과물 사이에 시간적 간극이 너무 크기 때문이다. 아이들에게 학년말이란 너무 먼 미래다. 처음 한두 번은 '책으로 나올 거니까 잘 써봐야지' 하다가 금세 잊어버린다. 당장 다음 시 쓰기를 할 때 동기를 제공해주기 위해서는 아이들에게는 좀 더 즉각적이고 가시적인 결과물이 필요하다.

그래서 나는 두 가지 방법을 병행하고 있다. 매 학기마다 한 권씩 1년에 총 두 권의 학급 시집을 출판하는 방법과, 모든 아이들이 저마다 한 권씩 '나만의 시집'을 출판하도록 하는 것이다.

나만의 시집 만들기

이를 위해 활용하는 것이 바로 '무지 스크랩북 10p'이다. 인터넷에 검색하면 쉽게 구할 수 있고 가격도 저렴하다. 시 수업을 시작하는 날 아이들에게 스크랩북을 한 권씩 나누어준다. 처음에는 표지에서부터 속지, 뒷면, 책등까지 모든 부분이 다 백지로 되어 있다. 이 빈 책을 시 쓰기 수업을 하며 하나씩 채워가다 보면 저마다 한 권의 책이 완성되는 것이다.

스크랩북을 활용하는 방법은 다음과 같다. 먼저 공책이나 빈 종이에 시의 초고부터 작성한다. 그런 뒤 교사의 피드백을 기다리는 동안 스크랩북에 시화를 그린다. 아이들이 시를 쓰고 나면 교사가 피드백을 해줘야 하는데, 모든 학생들의 시를 일일이 살펴야 하다 보니 그 과정에서 시간이 많이 소요된다. 이러한 시간적 공백을 메워줄 수 있는 활동이 바로 시화 그리기이다. 교사가 자신의 시에 피드백해줄 때까지 멀뚱멀뚱 앉아서 기다리기만 하는 것이 아니라 일단 스크랩북을 펼쳐서 시화부터 그린다. 고쳐쓰기 과정에서 시가 다소 수정된다고 할지라도 시의 전반적인 분위기나 느낌은 변하지 않으므로 미리 그림을 그려두는 것이 충분히 가능하기 때문이다. 시화 그리기는 자신이 쓴 시의 의미와 분위기를 전체적인 관점에서 파악하고, 이를 미적으로 표현하는 데 있어 훌륭한 기능을 한다.

그러다가 자기 차례가 되면 그림 그리던 것을 잠시 내려놓고 교사와 함께 자신의 시에 관해 이야기를 나눈다. 이를 바탕으로 고쳐쓰기 하는 과정을 몇 번 반복한 뒤 집필이 마무리된 시를 아까 그려놓은 시화 옆에 옮겨 적어 한 편의 작품으로 완성한다. 이렇게 하면 교사가 한 명 한 명

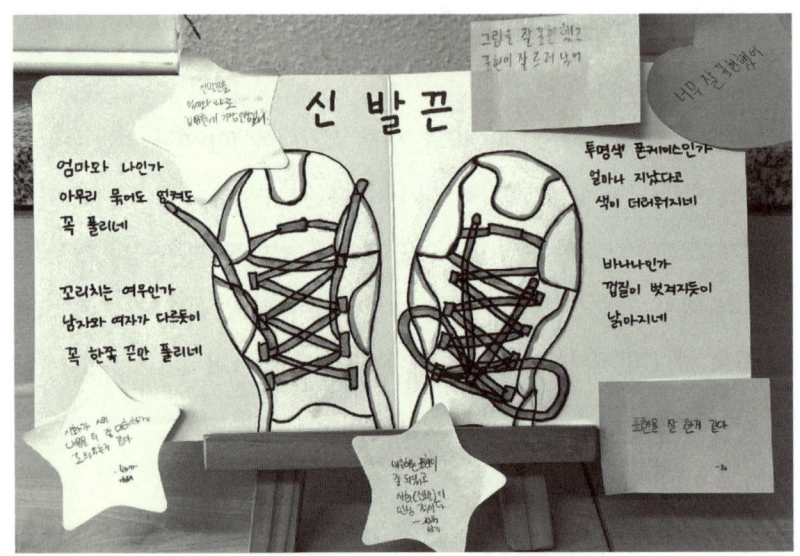

이젤을 활용해 전시한 학생 시와 친구들의 감상

살필 수 있는 시간이 충분히 확보되어 더욱 질 높은 피드백을 제공해줄 수 있다.

완성된 책은 교실에 미니 이젤을 활용하여 전시해두고 아이들이 오가며 늘 볼 수 있도록 한다. 감상만 하는 것에서 더 나아가 포스트잇을 활용해 친구들의 작품에 직접 반응을 붙여준다. '다른 친구들은 오늘 어떤 시를 썼을까?' 하는 궁금증과 함께 '오늘은 내 시에 친구들이 어떤 말을 적어줬을까?' 확인하는 동안에 아이들은 즐거움을 느낀다. 이러한 과정에서 시 쓰기와 출판이 상호작용하며 선순환 구조를 만들어낸다.

스크랩북 한 권을 내가 쓴 시들로 빼곡히 채웠다면 이제 책의 형태를 갖출 차례이다. 이를 위해 가장 앞장 또는 뒷장 중에 한 장은 비워두는

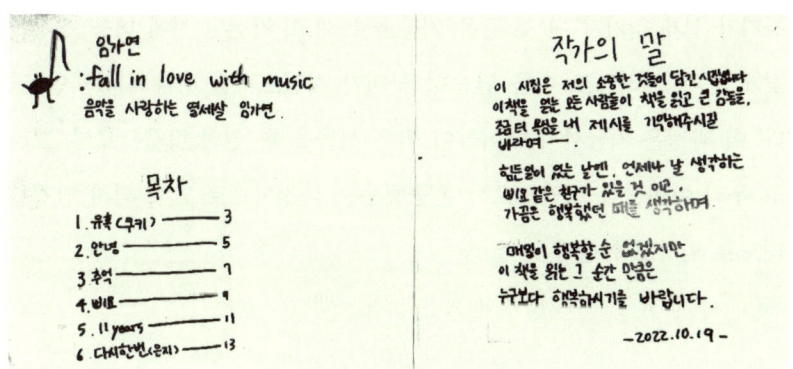

목차 및 작가의 말

것이 좋다. 실제 책처럼 목차와 작가 소개, 작가의 말 등을 적기 위함이다. 책의 앞면에는 제목을 붙이고, 작가 이름과 출판사명을 적고, 표지도 꾸며본다. 책의 뒤표지에는 바코드를 인쇄해서 붙이고 가격도 책정한다. 친구들에게 추천사를 적어달라고 해도 좋다. 이 과정을 통해 아이들은

학생이 만든 책의 앞표지와 뒤표지

4. 나만의 시집 출판하기

자기가 실제 작가가 된 것 같은 기분을 느끼고, 자신의 책에 더욱 애정을 갖게 된다. 그러므로 이를 단순히 꾸미기 시간으로만 생각해서는 안 된다. 이 과정은 지금까지 아이들이 써온 시들을 한 권의 작품으로써, 그리고 우리 아이들을 시인으로서 존중해주는 과정이므로 교사 역시 진지한 태도로 임하도록 한다.

출판 기념회 개최하기

아이들의 시집이 완성되면 학급에서 출판 기념회를 개최한다. 학급 운영비로 아이들을 격려할 간식과 기념품도 준비하고 풍선이나 현수막 등을 활용해 교실도 예쁘게 꾸민다. 책상 대열을 바꿔서 체험 부스 느낌이 나도록 배치해도 좋다. 나아가 아이들이 행사에 몰입할 수 있도록 홍보 팸플릿, 부스 안내문, 기록용 책자, 티켓 등도 만들어 실제감을 높인다.

교사뿐만 아니라 아이늘도 준비해야 할 것들이 있다. 저자로서 독자를 만나는 중요한 자리인 만큼 자신의 시집을 소개할 준비가 되어 있어야 한다. 내 시집에 대한 전체적인 설명, 작품 소개, 독자의 질문에 대비한 답변 등을 사전에 준비한다. 또한 부스를 찾아준 독자들을 위한 작은 이벤트도 마련한다. 시집에 수록된 시 구절을 활용한 캘리그래피 꾸미기, 책갈피 만들기, 퀴즈 풀기, 시 암송하기 등의 여러 체험 거리를 제공할 수 있다.

출판 기념회는 학급 내에서 개최해도 되지만 다른 반 친구들도 참여

하도록 하면 더욱 효과적이다. 저자로서 더 많은 독자를 만나고, 작품을 홍보하고, 반응을 확인하는 과정은 매우 가치 있는 일이기 때문이다. 또한 학급의 아이들은 이미 어느 정도 다른 친구들의 시집의 내용을 알고 있기 때문에 새로운 독자들의 새로운 반응을 만나보는 경험은 또 다른 즐거움이 되어준다.

그러나 단순히 행사를 개최하는 것으로 끝이 나서는 안 된다. 행사를 마친 후 반드시 출판 기념회를 진행하며 느낀 점을 체화하는 시간을 보내야 한다. 많은 교사들이 이 단계를 미처 생각하지 못하거나, 시간상의 이유로 그냥 넘어가는 경우가 많다. 하지만 출판 기념회의 목적은 시집을 완성한 것을 자축하는 데에만 있는 것이 아니다. 내가 쓴 작품에 대한 독자들의 반응을 확인하고 이를 다음 작품을 쓸 때 반영하는 것이 더 큰 목적이다. 내가 쓴 시를 친구들이 생각보다 이해하기 어려워하는 경우도 있고, 전혀 생각지 못했던 작품이 오히려 많은 인기를 얻는 경우도 있다. 이러한 모든 것들이 다 중요한 피드백이다. 아이들의 기억이 머릿속에서 사라지기 전에 출판 기념회가 끝나자마자 이를 곧바로 기록할 수 있는 시간을 보내야 한다. 오늘의 경험을 바탕으로 다음 시집을 만들 때 어떤 점을 보완하거나 강화해야 할지 계획을 세워본다. 이렇게 하면 출판 기념회가 단순히 보여주기식 행사로 그치는 것을 방지할 수 있다. 나아가 출판 기념회를 반복할수록 아이들이 독자와 소통해가며 진정한 시인으로 한 뼘 더 성장해나가는 모습을 확인할 수 있을 것이다.

에필로그

선생님, 저는 시가 좋아요!

초등학교 3학년, 내가 시를 쓰기 시작하던 순간이 떠오른다. 매일 일기장을 검사해주시던 담임선생님께서 어느 날 내가 쓴 일기 밑에 이렇게 적어주셨다.

"보배는 글을 참 잘 쓰는구나. 다음 달에 대구 시민 회관에서 백일장이 열린다는데 한번 나가보는 게 어때?"

'내가 글을 잘 쓴다고?' 처음 듣는 말이었다. 선생님이 오늘은 일기장에 어떤 말을 적어주실까 기대되는 마음에 꼬박꼬박 일기를 쓰고, 설레는 마음으로 선생님이 검사해주신 일기장을 펼쳐보는 게 재미있었을 뿐인데. 내가 글을 잘 쓴다고 생각한 적은 한 번도 없었다.

'백일장'이라는 말도 그날 처음 들어보았다. 집에 돌아와서 엄마한테 백일장이 뭐냐고 물어보고 나서야 '글짓기 대회'라는 뜻이라는 걸 알게 되었다. 그렇게 얼떨결에 백일장이라는 것에 참석하게 되었다. 대회 당일, '산문부'와 '운문부'가 있다는 것도 처음 알았다. 발표된 주제를 보면서 한참을 고민하던 나는 '시가 짧으니까 더 쉽겠지?' 하는 단순한 마음에 운문부를 선택해서 시를 썼다.

아무것도 모른 채 참가한 백일장의 결과는 당연히 탈락이었다. 그런데 그날의 기억은 꽤나 강렬했고, 꽤 오랫동안 내 마음속에 자리 잡았다. 봄바람이 살랑살랑 불어오던 5월의 토요일 오후, 나무 아래에 돗자리를 깔고 누워서 '뭘 쓰지?' 고민하던 그 시간이 좋았다. 주위를 둘러보면 다들 조용히 생각에 잠겨 있는 모습이 낯설면서도 편안했다. 원고지에 가장 뾰족한 연필로 한 자 한 자 꾹꾹 눌러쓰던 순간의 긴장감이 싫지만은 않았다.

그날이 계기가 되어 나는 시 쓰기에 흥미를 갖게 되었다. 일기장에 일기 대신 시를 써가는 날도 있었다. 남들이 논술 학원이며 수학 학원을 다닐 때 나는 방에서 혼자 골똘히 생각에 잠긴 채 시를 썼다. 나와 끊임없이 대화를 나누는 그 시간이 즐거웠다. 내 생각을 이렇게도 표현해보고, 저렇게도 표현해보며 고민하는 시간이 힘들지만 재미있었다. 지금 생각해보면 그런 나를 지지하고 응원해줬던 부모님께 더없이 감사할 뿐이다.

그때의 기억 때문인지 나는 아이들과 야외에서 시를 많이 쓴다. 공책 한 권, 연필 한 자루, 지우개 하나 달랑 들고 운동장으로 나간 뒤 털썩, 엉덩이를 깔고 앉아 아이들과 시를 쓴다. 공간만 바뀌었을 뿐인데 아이들은 무척이나 즐거워한다. 아이들의 웃음소리를 따라 불어오는 바람 사이로, 흔들리는 머리칼 사이로 시가 흐른다.

'왜 시 쓰기일까?'를 시작으로 마지막 '출판하기'까지 시를 향한 긴 여정이 끝났다. 길고 재미없는 책을 중간에 포기하지 않고 끝까지 잘 따라와주신 분들께 감사의 말씀을 전한다. 사실 아이들과 시를 써봐야겠다고 마음먹은 순간 이미 절반은 성공한 셈이다. 남은 절반은 부족한 이 책의 내용을 교실에서 실천하기 위해 고군분투하신 선생님들의 몫이다. 잘 따라와준 아이들의 몫도 잊어서는 안 된다. 이렇게 따지고 보니 내가 한 역할은 아주 미미하다. 이 책을 쓰고 나서 뿌듯해하던 나 자신이 부끄러워진다.

이 책이 선생님의 교실에, 우리 아이들의 일상에 시 쓰기를 향한 자그마한 새싹으로 피어나길 바란다. 모든 수업이 성공적이지 않았더라도 절망할 필요가 없다. 아이들에게 즉각적으로 반응이 오지 않더라도 낙심하지 말자. 선생님이 일기장에 남긴 꼬리말 하나를 계기로 내가 시 쓰기를 시작한 것처럼, 백일장에서 처음 느꼈던 그 기분이 좋아서 시를 계속 쓰게 된 것처럼, 시 쓰기 수업을 듣는 아이들에게 그런 순간을 단 한 번만이라도 건네줄 수 있다면 그걸로 충분하다. 어떤 아이는 선생님이 자신의 시를 읽고 무심코 해줬던 말 한마디가, 어떤 아이는 동시집을 읽으며 마음에 와닿았던 문장 하나가, 함께 나눠 먹었던 쿠키가, 운동장에서 주워 온 단풍잎이 단초가 되어 시 쓰기에 마음을 열게 될 수도 있다.

아이들의 마음에 언제 어떻게 그 새싹이 피어오를지는 아무도 모른다. 무엇이 그 아이에게 계기가 되어줄지도 예측하기 어렵다. 하지만 인내심을 갖고 아이들과 꾸준히 시를 써나가다 보면 어린 날의 나처럼 예상치 못한 무언가가 계기가 되어 분명히 '팡'하고 터지는 날이 올 것이다. 그러면 이제 누가 시키지 않아도 먼저 시를 찾는 아이들이 될 것이다. 그러니 그때까지 아이들과 한 편 한 편 시를 써나가보자. 아이들의 삶 속에 천천히 시가 스며들기를 바라면서 말이다.

아름드리나무가 될 날을 기대하며

차보배

세상에서 가장 친절한 시 쓰기 수업
차근차근 따라가면 누구나 시인

1판 1쇄 발행 2024년 7월 1일

지은이	차보배
펴낸이	한기호
책임편집	이선진
편집	여문주, 서정원, 박혜리, 송원빈
디자인	블랙페퍼디자인
본부장	연용호
마케팅	하미영
경영지원	김윤아
인쇄	예림인쇄

펴낸곳 (주)학교도서관저널
출판등록 제2009-000231호(2009년 10월 15일)
주소 04029 서울시 마포구 동교로 12안길 14(서교동) 삼성빌딩 A동 3층
전화 02-322-9677
팩스 02-6918-0818
전자우편 slj9677@gmail.com
홈페이지 www.slj.co.kr

ISBN 978-89-6915-165-0 03370

ⓒ 차보배 2024

- 이 책은 저작권법에 따라 보호를 받는 저작물이므로 무단 전재와 무단 복제를 금합니다.
- 책값은 뒤표지에 있습니다.